D1144948

OPENBARE BIBLIOTHEEK
INDISCHE BUURT
Javaplein 2
1094 HW AMSTERDAM
Tel.: 020 - 668 15 65

DE BESTE SIGARET VOOR UW GEZONDHEID

FRISO SCHOTANUS

DE BESTE SIGARET VOOR UW GEZONDHEID

Hoe roken de wereld veroverde

Uitgeverij Atlas Contact
Amsterdam/Antwerpen

Bij de productie van dit boek is gebruikgemaakt van papier dat het keurmerk Forest Stewardship Council® (fsc®) draagt. Bij dit papier is het zeker dat de productie niet tot bosvernietiging heeft geleid. Ook is het papier 100% chloor- en zwavelvrij gebleekt.

© 2014 Friso Schotanus
Omslagontwerp en typografie binnenwerk Studio Denk
Foto auteur Merlijn Doomernik
Drukkerij Wilco, Amersfoort

ISBN 978 90 450 2736 4
D/2014/0108/734
NUR 740

www.atlascontact.nl

Ken je het verlangen naar een sigaret,
naar die gelukkige tijd dat je nog rookte?

—Rutger Kopland

INHOUD

VOORWOORD

In mijn vorige leven, als jurist bij een groot accountantskantoor, behoorde het roken van een sigaret in combinatie met koffie uit een plastic bekertje tot de weinige hoogtepunten van de werkdag. Een paar keer per dag moest ik daarvoor naar een inpandig hok, met als enige aankleding een stapel kantoorstoelen en een tafel vol koffiekringen. Daarop stond een metalen asbak die uitpuilde van de peuken.

In mijn baan daarvóór, op een advocatenkantoor, had ik een eigen kamer waarin ik zoveel mocht roken als ik wilde. Dat is twaalf jaar geleden, het lijkt een eeuwigheid.

Als rokers filosoferen over de sigaret, dan praten ze vaak in de verleden tijd. Er is altijd wel iemand die begint over de feestjes van vroeger, toen de glaasjes sigaretten op tafel stonden. Vaak met verschillende merken, zodat ieder zijn eigen voorkeur kon roken. Nu staan rokers op winderige perrons bij een rokende paal, in een door verfstrepen afgebakende zone.

En dat terwijl we het in Nederland tot 1990 nog normaal vonden dat je in het ziekenhuis mocht roken. Met hetzelfde gemak werden kinderen eropuit gestuurd om sigaretten voor hun ouders te kopen. Het was ook geen probleem als vader en moeder die sigaretten vervolgens in de auto opstaken, met de kinderen op de achterbank en de raampjes dicht.

Mijn ouders stuurden mij in de jaren tachtig niet naar de winkel om sigaretten te halen. Maar tijdens kaartmiddagen waarbij ik bij mijn oudere broer en zus en hun vrienden mocht aanschuiven, stond de woonkamer wel blauw van de rook. Naast mijn kopje thee met melk en suiker stond een overvolle asbak.

Net als alle kinderen van mijn leeftijd vond ik sigaretten slecht en vies. Toch ging ik als zestienjarige zelf roken. Tijdens de eerste feestjes en cafébezoekjes waar alcohol gedronken werd, kwam de sigaret als vanzelf tevoorschijn.

Mijn oudere broer, die me vaak plagend een sigaret aanbood, keek verbaasd op toen ik er voor het eerst eentje uit zijn pakje Marlboro trok. Het was de eerste van vele die ik van hem bietste. Een paar sigaretten in het weekend werden een paar per dag. Samen met de stoere jongens en meiden bleef ik na schooltijd hangen in het fietsenhok. Met mijn eerste vriendinnetje rookte ik aan de stadsgracht de ene sigaret na de andere.

Hoe is het mogelijk dat ik in redelijk korte tijd veranderde van sigarettenhater in een verslaafde? En hoe kan het dat miljoenen Nederlanders hun lot als verschoppeling accepteren, als ze maar kunnen roken? Kortom: wat is toch de kracht van de sigaret? Ik besloot op zoek te gaan naar de *roots* van de sigaret. Dat viel nog niet mee. De kasten vol historische lectuur en literatuur over tabak gaan vrijwel allemaal over de sigaar en de pijp, gerespecteerde vormen van tabaksgebruik. Als het in bedrijfsbiografieën of naslagwerken over de sigaret gaat, dan is het meestal in een bijzin, of de historie blijft beperkt tot een paar pagina's, met steeds dezelfde verhalen. De afwezigheid van de sigaret in de geschiedschrijving is tekenend voor de status ervan: de sigaret werd en wordt beschouwd als een gevaarlijk, inferieur genotmiddel.

De laatste pakweg vijftien jaar wordt er in Nederland wel meer over de sigaret geschreven, maar dan gaat het meestal over de vraag: hoe kom je ervanaf? En anders gaat het over de gezondheidsschade die de sigaret toebrengt of over de streken van de machtige tabaks-industrie.

Dat is jammer. Want achter de sigaret gaat een boeiende historie schuil. De sigaret is hét product van de moderne maatschappij; de *poor man's smoke* van weleer dankt zijn bestaan en opmars aan nieuwe productie- en landbouwtechnieken en verovert de wereld dankzij moderne communicatiemiddelen en marketingmethoden. De sigaret speelt de hoofdrol in tijden van oorlog en liefde, is alomtegenwoordig in film en literatuur, op televisie en op straat. Geen bohemien, kunstenaar of schrijver kan zonder sigaret. Roken doorbreekt ook de sleur van het dagelijks leven van de arbeider, kantoorklerk of huisvrouw. In de jaren vijftig en zestig rookt bijna elke man en menig vrouw, het kan niet op. Totdat onomstotelijk blijkt hoe dodelijk de sigaret is. Het wonderlijke verhaal van de sigaret, met al zijn mooie en lelijke kanten, heb ik in dit boek zo objectief mogelijk uit de doeken willen doen.

PROLOOG
Bukshag

Midden in de oorlog duikt er in Nederland een nieuw fenomeen op: bukshag. Kinderen en arme sloebers gaan bukkend de straten af en verzamelen bruinzwarte tabak, afkomstig uit sigarettenpeukjes die ze in de goot of in asbakken vinden. In voetbalstadions struinen ze tribunes af, de betonnen vloeren liggen vaak bezaaid met stompjes. Ook bioscoopzalen zijn, na afloop van de film, dankbare vindplaatsen. Ze stoppen de tabak in pakjes shag, die een straatwaarde hebben van twee gulden voor een half ons. Verstokte rokers zien het als een koopje. Dat ze het goorst denkbare restproduct in brand steken, dat weten ze niet – of ze willen het niet weten. De rokers van bukshag lopen het gevaar besmettelijke ziektes op te doen, zo waarschuwen de kranten in oorlogstijd.

De verzamelaars van bukshag hebben er een aardige bijverdienste aan, maar naarmate de oorlog vordert, loopt hun handel terug. Een briefschrijver in de krant citeert een scharminkel dat zich erover beklaagt: 'Vroeger lag de straat bezaaid met peuken, groote en kleine. Halleve savviaantjes gooiden sommige menschen weg. Moet je nou 's om komme! De lui rooken net zoo lang, tot ze hun fikke branden. En dan zijn er nog, die de endjes uittrappen! Dat mot je meemaken!...'

Het gebrek aan een betaalbare, smaakvolle sigaret is een van de grotere zorgen van de gewone Nederlander in oorlogstijd. De prijs van voedsel, en dan vooral van vlees, stijgt tot grote hoogten, maar de prijscurve van de sigaret is nog steiler. Voor een pakje shag van 50 gram moet gaandeweg de oorlog vijf gulden worden betaald. Louis Bracco Gartner, voormalig winkelier en tabakshistoricus uit Delft, weet hoe schaarste creatief maakte. 'Mijn schoonouders begonnen met hun tabakswinkel in Delft in 1941. Ze gingen in die tijd op de fiets naar Amerongen om tabak te halen. Die "goede" tabak werd gemengd met de slechte tabak die ze in huis hadden.

Hier aan de overkant woonde een vent die dat voor ze wilde doen. De verhouding tussen de twee soorten bepaalde de prijs.'

De komst van de Amerikanen en Canadezen in ons land in '44 en '45 betekent vrijheid, en ook: sigaretten en chocolade. Vooral het uitdelen van sigaretten door lachende soldaten vanaf legergroene tanks, waarmee een basaal verlangen van een behoeftig volk wordt bevredigd, vat de bevrijding in één beeld samen.

'O visioen van hemelsche zaligheid, een echte Virginia,' verzucht een verstokte roker in de krant. 'Eindelijk eens géén Consi, maar een echte Amerikaanse sigaret.'

De Consi is de eenheidssigaret die de Nederlandse fabrikanten op last van de overheid op de markt brengen. Hij is in drie kleuren – groen, geel, rood – verkrijgbaar, maar veel verschil in smaak is er niet. Door de één wordt 'ie verafschuwd, een ander vindt het beter dan niks. Consi staat voor Concentratie Nederlandse Sigarettenindustrie, maar in 1943, als de geallieerde legers voet zetten op Europese bodem, doet in de volksmond een andere naam de ronde: Churchill Overwint Na Sicilië Italië.

De sigaretten die de geallieerden uitdelen – en later tegen waardevolle goederen ruilen – worden zeer gretig in ontvangst genomen. Soms iets te gretig. Een omstander merkt in de krant op: 'Het lijkt me levensgevaarlijk je hier als Engelschman op het oogenblik in het bevrijde gebied te begeven, want de arme kerels worden door onze enthousiaste Hollanders haast gevierendeeld.'

Een verstokte Haagse roker over zijn zoektocht naar sigaretten: 'Toen ik hijgend op het Tournooiveld arriveerde, zag ik tot mijn groote afgunst enkele landgenooten volkomen in trance Engelsche sigaretten rooken die de Brit blijkbaar met kwistige hand had uitgedeeld. Door den heerlijken geur geprikkeld heb ik den heelen verderen dag de plaatsen afgehold waar ook maar gemompeld werd, dat er zich geallieerden zouden bevinden, steeds tevergeefs...'

Direct na afloop van de oorlog zet de staat alles op alles om zijn onderdanen in hun primaire behoeftes te voorzien. De sigaretten- en sigarenproductie heeft topprioriteit, want: 'Rooken is in Nederland geen luxe, geen genotmiddel, maar een behoefte. Daarvan is ook de Regeering overtuigd. Daarom beijvert zich ook de Regeering om de tabaksindustrie zoo snel en goed mogelijk op een redelijk peil te krijgen,' schrijft het *Limburgsch Dagblad* op de voorpagina. '"Liever een sigaret dan een boterham" is voor velen een soort wachtwoord geworden,' schrijft een andere krant om de rookbehoefte na de oorlog te typeren.

De armlastige Nederlandse staat investeert miljoenen in tabak voor de behoeftige bevolking.

De regering in Londen heeft al vóór het einde van de oorlog op het nijpende tekort aan rookwaar geanticipeerd. Men koopt duizenden kilo's tabak in, afkomstig uit Nederlands-Indië, bestemd voor de Nederlandse tabaksindustrie. Als de oorlog is afgelopen worden tabakskaarten afgegeven: iedere Nederlandse man geboren voor 1926 kan zo wekelijks een doosje sigaretten bemachtigen. Vrouwen krijgen een 'versnaperingenkaart'; ze hebben recht op de helft van het tabaksrantsoen voor mannen, maar de kaart geeft ook recht op snoep. In de zomer van 1945 brengt de overheid een grote hoeveelheid tabak uit Afrika op de markt. Alle fabrikanten wordt – naar rato van hun marktaandeel van voor de oorlog – een hoeveelheid van deze tabak toebedeeld. De eenheidssigaretten worden onder de naam Rhodesia op de markt gebracht. Deze eenheidssigaretten halen het niet bij de echte Amerikaanse en Engelse sigaretten en al gauw is er een nieuwe spotnaam bedacht: Regering Holland Ontdekte Deze Ellendige Sigaretten In Afrika.

Terwijl aan het begin van de eeuw nog bijna niemand in ons land sigaretten rookt, kunnen we een paar decennia later absoluut niet meer zonder. Feit is dat we met het roken van sigaretten decennia achterliepen op veel andere landen, en dan vooral op de Verenigde Staten. Maar toen we eenmaal de smaak te pakken hadden, gaven we ons er ook helemaal aan over.

En dat geldt voor zo'n beetje de gehele wereldbevolking. De introductie van de sigaret valt samen met de tijd van het 'industrieel kapitalisme': de periode vanaf 1870 waarin ook de moderne wetenschap zich volop ontwikkelt, een tijd van sterke bevolkingsgroei, van democratisering, individualisering en de opkomst van snelle communicatiemiddelen. De sigaret blijkt het juiste product op het juiste moment. Dankzij nieuwe productietechnieken is het in enorme hoeveelheden beschikbaar en met nieuwe advertentie- en marketingtechnieken wordt het op professionele wijze aan de man gebracht. Na een voorzichtige start groeit de sigaret vooral tijdens en na de Eerste Wereldoorlog uit tot een onwaarschijnlijk fenomeen. De sigaret blijkt ook voor vrouwen en zelfs voor kinderen onweerstaanbaar. Zo hangt de opkomst van de sigaret niet alleen samen met ontwikkelingen op het gebied van landbouw en met technologische en commerciële ontwikkelingen, maar speelt hij ook een rol op het gebied van (jeugd)cultuur, feminisme en seksualiteit. De Amerikaanse historicus Allan Brandt noemt de sigaret in zijn meesterwerk *The Cigarette Century* dan ook 'the quintessential American product, the product that defined America'.

De zegetocht van de sigaret gaat niet zonder slag of stoot. Want de sigaret is ook controversieel vanaf het moment dat er voor het eerst werd opgestoken. De onmatigheid van verslaafde rokers wordt van begin af aan gehekeld door moralisten. Al dat inhaleren, dat kan toch niet gezond zijn voor het lichamelijke en geestelijke gestel? Maar zelfs nu de gezondheidsrisico's al meer dan een halve eeuw wetenschappelijk vaststaan, is de opmars van de sigaret nog altijd niet gestuit.

DROGE DRONKENSCHAP

Tabak verovert de harten van nette mensen

Als aan het eind van de vijftiende eeuw de eerste ontdekkingsreizen naar de andere kant van de Atlantische Oceaan plaatsvinden, snellen de verhalen en fabels over de nieuwe wereld de zeereizigers vooruit. Er gaan geruchten over rivieren van goud en er wordt gerept van een fontein der eeuwige jeugd. Ook wordt melding gemaakt van een zeer zonderlinge gewoonte: het roken van tabaksbladeren.

Dat laatste blijkt geen fabeltje. Columbus doet op 28 oktober 1492 Cuba aan. De mannen die landinwaarts worden gestuurd, ontmoeten niet de keizer van China – men dacht in de Oost te zijn – maar wel: rokende indianen. Ze hebben de tabak gerold in maïsbladeren. Het ene uiteinde wordt aangestoken en aan het andere uiteinde 'drinken' ze de rook. Een van de expeditieleden, Rodrigo de Jerez, krijgt ook zo'n roker aangeboden en staat daarmee officieel te boek als de eerste rokende Europeaan.

Zeelui keren rokend terug van hun overzeese tochten. Zo ook Rodrigo de Jerez. Hij is direct een fanatiek roker geworden. Brave burgers die de rook uit zijn neus en over zijn lippen zien lopen vinden het maar eng. Tabak is door satan zelf uitgevonden, beweren christenen; de tabakspijp is het 'attribuut van heidense erediensten'. De Spaanse inquisitie zet Rodrigo de Jerez gevangen.

De nieuwsgierigheid naar de nieuwe plant is gewekt, vooral vanwege de geruchten dat het consumeren ervan goed zou zijn voor de gezondheid. Tabak wordt in het begin voornamelijk geteeld vanwege de sierlijkheid van de plant, die het heel aardig doet op Europese grond.

In 1559 krijgt Jean Nicot, de Franse ambassadeur in Portugal, een paar planten van een Portugese botanicus en begint ermee te experimenteren. Hij behandelt er een man mee die lijdt aan kanker. Het resultaat: totale genezing. Althans, dat wil het verhaal. Nicot durft het aan om de plant naar zijn koningin te sturen. Catharina de Medici heeft een hang naar alchemie en astrologie en staat wel open voor een nieuw geneesmiddel. Ook nu wordt er een succes geboekt: de tabak geneest Catharina van haar migraine. Het duurt niet lang of tabak wordt gezien als het ultieme wondermiddel uit de nieuwe wereld, goed tegen elke kwaal, van kanker tot kiespijn en van zwangerschapsklachten tot neusverkoudheid.

Aan het Franse hof wordt het gebruik van tabak al gauw gemeengoed; ook de gezonden van lijf en leden snuiven de vermalen tabak volop. Men ziet het als een soort vitamine, die op een of andere manier als vanzelf tot meer consumptie aanzet. De Fransen staan in die tijd te boek als een modieus volk en hun snuifgewoonte wordt in de kortste keren door de Britse elite gekopieerd.

Jean Nicot presenteert zijn nieuwste medische wondermiddel aan Catharina de Medici: de tabaksplant.

Dat tabak het goed doet in hogere kringen, draagt bij aan de toenemende populariteit ervan. Het wordt niet alleen als medicijn of vitamine erkend, maar ook als genotmiddel. Er is al snel sprake van een rage. In het toneelstuk *Dom Juan* van Molière uit 1665 staat hoofdpersoon Sganarelle met een snuifdoos in zijn hand op het toneel en roept uit: 'Ongeacht wat Aristoteles en alle andere filosofen van de wereld mochten menen, er bestaat niets wat zich met de tabak kan meten. Het is de hartstocht van de nette mensen, en wie zonder tabak leeft, verdient het niet eens te leven.'

17

Aan menig vooraanstaand hof mag tabak dan hip en chic zijn, het nieuwe genotmiddel wordt vanaf de introductie ook door menig heerser gehaat. Zo zet de sultan Murad iv van Turkije in de zeventiende eeuw de doodstraf op het roken. Hij gaat 's nachts incognito over straat om overtreders eigenhandig in te rekenen. Onder zijn bewind worden 25 000 rokers onthoofd of opgehangen, met een pijp door hun neus. De haat van de sultan was waarschijnlijk niet eens ingegeven door de aard van het product, als wel door angst voor brandgevaar. De houten huizen in de steden staan vaak dicht opeengepakt; een roker die in slaapt valt, brengt een hele massa in gevaar.

In China ondergaan rokers een soortgelijk regime. In Spanje zouden de eerste rokers levend zijn ingemetseld en in Rusland zijn zelfs rokers gecastreerd. Een andere, veel voorkomende en ook niet erg prettige straf is het afsnijden van de neus of lippen.

In Europa worden ook verschillende pauselijke verboden uitgevaardigd. Volgens de katholieke kerk is tabak een duivels kruid, want afkomstig van heidense, smerige indianen. Roken leverde excommunicatie op.

Kerkelijke en wereldlijke weerstand ten spijt, tabak wordt almaar populairder. De genotmiddelen die in Europa gemeengoed zijn, bier in Noord-Europa en wijn in het zuiden, hebben niet dezelfde opwekkende werking als tabak. Tabak blijkt uitstekend dienst te doen als ontsnapping aan 'de vele tegenheden des levens'. Het bewustzijn of de persoonlijkheid van de roker verandert door het tabaksgebruik niet en dat is vooral bij overmatig alcoholgebruik wel anders. Roken dempt bovendien 'terstond' onaangename gevoelens als woede en angst. Volgens de Duitse psychiater Kurt Pohlisch zijn dit de redenen dat tabak in hoog tempo zijn plaats als dagelijks genotmiddel verovert. Ten teken van de inburgering van tabak draait paus Benedictus xiii, zelf een verwoed roker, de pauselijke verboden in 1725 terug.

Er worden pijpen van klei gefabriceerd om tabak te roken. Als deze gewoonte via Groot-Brittannië de Lage Landen bereikt, ontpoppen we ons tot een natie van toegewijde pijprokers. In 1598 schrijft historicus Emanuel van Meeteren dat pijprokers altijd en overal roken: 'Nae den eten ende voor den eten, smorgens vroech ende savonts spade. Ende deze menschen verleckeren soo daer aen, ghelijck de Dronckaerts aen Wijn ende Bier doen.'

'Droge dronkenschap' noemden Nederlanders in de zeventiende eeuw de tabaksroes dan ook. Er is sprake van een nationale verslaving; je kunt in Amsterdam zelfs kinderen pijp zien roken. Schippers van trekschuiten, de diligences van het water, drukken een reis niet uit in kilometers, maar in het aantal pijpjes dat ze gedurende de reis roken. En in het schip heb je als passagier ook alle tijd om een pijpje op te steken, al moet dat wel in overleg met de medepassagiers, want officieel is roken aan boord verboden.

'De geur van de Republiek was de geur van tabak,' stelt historicus Simon Schama dan ook. De nationale rookverslaving, het *tocback suyghen*, valt samen met de hoogtijdagen van de Nederlandse schilderkunst. Zo is de pijp, 'de dampende blokfluit', als vanitassymbool (ijdelheid en leegheid) terug te vinden op wellustige taferelen van Jan Steen.

'Een Hollander zonder pijp zou een nationale onmogelijkheid zijn. Een stad zonder huis, een toneel zonder acteur, een lente zonder bloemen. Een Hollander zou zonder zijn pijp en tabak in de hemel niet zalig kunnen zijn,' stelt een buitenlandse waarnemer bloemrijk vast.

De term droge dronkenschap is nog mild uitgedrukt als je kijkt naar de schilderijen van Adriaen Brouwer uit 1625 en 1630. Hij schilderde pijprokende mannen die als stonede apen aan tafels en stoelen hangen. Dat komt, zo vermoedt de Wageningse landbouwhistoricus H.K. Roessingh, doordat ze de tabak mengden met zwart bilzekruid. Dit kruid, in de volksmond ook wel heksenkruid of malwillempjeskruid genoemd, werd ook vaak aan het goedkope bier van de gewone man toegevoegd. Het gaf de drinker van het 'dunne' bier een euforisch gevoel, of het bracht hem in een roes. De pijprokers die Brouwer afbeeldde wisten er kennelijk ook wel raad mee. Nadat het Reinheitsgebot – volgens dit Beierse gebod uit 1516 mocht bier alleen gemout graan, water en hop bevatten – meer gemeengoed werd, raakte het heksenkruid in bier in onbruik. Volgens Roessingh is het trouwens ook niet uitgesloten dat pijprokers hennep aan hun tabak toevoegden om het genot te verhogen, al kan dat moeilijk bewezen worden.

Zodra er aan tabak geld kan worden verdiend, is de Hollander er natuurlijk als de kippen bij om een graantje mee te pikken. De aanvoer van tabak uit het verre en gevaarlijke Zuid-Amerika en West-Indië is onzeker en verloopt mondjesmaat. Er wordt onderweg voortdurend gevochten met Spanjaarden en Portugezen.

In 1625 sluiten vier mannen, te weten een inwoner van Amersfoort, een Amsterdamse tabaksverkoper, een koopman en een eveneens in de hoofdstad woonachtige Engelsman, daarom een pact, 'om met Godes hulpe tabaco in dese lande te telen'. Dat de hulp van het Opperwezen wordt ingeroepen is wel begrijpelijk, want het is regelrecht pionieren wat de mannen doen. De Nederlanders vinden landerijen in de omgeving van Amersfoort; men acht de zanderige grond daar geschikt voor de teelt. Ze huren een huis voor de Engelsman en zijn gezin en financieren de teelt. De Brit in kwestie, ene Christoffel Perry, brengt exclusieve landbouwtechnische kennis omtrent de kweek en bewerking van de nieuwe plant in. Vanuit de nabijgelegen steden Utrecht en Amsterdam zou de tabak kunnen worden verhandeld, zo is het plan van het viermanschap.

Het plan slaagt. De tabak van eigen bodem blijkt geschikt om te roken, maar vooral om te snuiven en te pruimen. Hij brengt bovenal goed geld op. De tijd dat een volle pijp zijn gewicht in zilver waard was, is voorbij, maar zeer winstgevend is de tabak nog altijd. Het bewerken van de tabak is arbeidsintensief en zorgt voor welkome werkgelegenheid. Aan het eind van de zeventiende eeuw zijn er in de omgeving van Amersfoort, Rhenen en Amerongen maar ook in de Betuwe en rond Arnhem al honderden tabaksboerderijen. Het werk is echter niet vrij van risico's: om de tabak in het vaak vochtige Hollandse klimaat goed te laten drogen worden in droogschuren vuurpotten aangestoken. Meer dan eens gaat een schuur in vlammen op.

Hoewel tabak zijn reputatie als medicinaal wondermiddel in deze tijd al goeddeels verloren heeft, krijgt het gewas in de jaren dertig van de zeventiende eeuw opnieuw een zetje in de rug vanuit medische hoek. Europa wordt geteisterd door pestepidemieën en een aantal artsen, onder wie de Nederlander Ysbrand van Diemerbroeck, propageren het roken fanatiek. Van Diemerbroeck beschrijft hoe hij als pestmeester in Nijmegen om tien uur 's ochtends zijn eerste pijp opsteekt, en dat gedurende de dag volhoudt. De rokende pijp is niet alleen een houvast als de stank in de ziekenkamer hem te machtig dreigt te worden, hij beschouwt tabak onomwonden als hét preventiemiddel tegen het oplopen van de ziekte. In Engeland houden collega's soortgelijke pleidooien.

De overheden in Europa hebben een andere reden om de tabak ongemoeid te laten. Ze ontdekken dat ze, net als bij zout, suiker en bier, belasting kunnen heffen over het almaar populairder wordende product. Een kip die gouden eieren legt moet je niet slachten.

Snuiftabak en de kleipijp zijn lange tijd de populairste vormen van tabaksconsumptie, maar in de loop van de negentiende eeuw begint de sigaar aan een opmars. Dat begint bij de Britse upper class. Cavaleristen trekken begin negentiende eeuw samen met Spaanse vrijheidsstrijders ten strijde tegen Napoleon. De stoere Spaanse caballero's roken sigaren. Dat bevalt de Britten wel, want tabak snuiven of pijproken op een paard is niet praktisch. Als Napoleon wordt verslagen, wil iedereen uit de elite delen in het succes. Britse dandy's melden zich massaal aan bij de cavalerie. Mooie uniformen, sterke paarden én een goede sigaar tussen de lippen behoren tot de standaarduitrusting van de upper class hipsters.

In navolging van hun Britse collega's waagt ook de Nederlandse jeunesse dorée zich in de loop van de negentiende eeuw aan de sigaar. Dat doen ze vooral in herensociëteiten, die rond die tijd steeds populairder worden. Het hoogste echelon van de Haagse elite – de ministers, het corps diplomatique en de hogere adel – besluit door die popularisering dat het tijd wordt voor een eigen honk. En in deze Haagse sociëteit geldt aan het begin van de negentiende eeuw het adagium: roken, dat doen we hier niet. Dat is niet chic, zoals je ook geen broodje op straat eet, of bitter drinkt.

Maar die opinie houdt geen stand. Onder gegoede burgers in Engeland en Frankrijk wordt de sigaar steeds populairder. Ook de prins van Wales, de latere koning Edward VII, is een verstokte sigarenroker en -promotor, terwijl diens moeder, koningin Victoria, het roken nog verafschuwde. Steeds meer hotels en clubs richten rooksalons in, de eerste treinen in het Britse koninkrijk worden voorzien van rookwagons. Als Queen Victoria overlijdt, spreekt koning Edward VII op Buckingham Palace een groep vrienden toe, met een sigaar in zijn hand: 'Gentlemen, you may smoke.' Het duurt niet lang, of ook de échte heren van stand in Nederland laven zich aan de sigaar.

De sigaar is het ultieme excuus voor de scheiding
van mannen en vrouwen na het diner.

'Een belangrijke etiquetteregel is wel dat je niet rookt in de nabijheid van het zwakke geslacht,' vertelt historicus Jan Hein Furnée. 'Daar is het tere vrouwengestel niet tegen bestand. Als je rookt en er nadert onverhoopt een dame, dan doof je de sigaar. Roken doe je daarom bij voorkeur op de sociëteit. Daar zijn soms wel prostituees aanwezig, maar dat is anders.' Tot ver in de twintigste eeuw kan men een heer aan een dame horen vragen of ze er bezwaar tegen heeft dat hij een rokertje opsteekt.

De sigaar is ook het ultieme excuus voor de scheiding van mannen en vrouwen na het diner. Mannen kunnen dan onder elkaar, in de rookkamer, belangrijke zaken bespreken en sterke verhalen uitwisselen, of andere zaken die niet zijn bestemd voor de oren van vrouwlief. Om rooklucht uit de nette kleding te houden en dames niet lastig te vallen met hun stank, doen de heren voordat ze zich terugtrekken speciale avondkleding aan, die we kennen onder de naam *smoking*. Het smoking-jacket werd na gedane zaken weer verwisseld voor het nette *dinnerjacket*. Om te voorkomen dat de gepommadeerde haren gaan stinken, dragen de heren soms ook een rookmuts.

In Spanje, en dan met name in Sevilla, worden sinds jaar en dag de meeste sigaren gemaakt. In warme fabriekshallen wordt het betere handwerk verricht door vrouwen. Het zijn vooral zigeunerinnen, schaars gekleed en verleidelijk, waarvan de opera *Carmen* van Georges Bizet getuigt. De dames roken zelf *papelitos*, versnipperde tabak gerold in papier. In navolging van Bizet trekken Franse schrijvers naar Sevilla om de zwoele fabrieksdames te bewonderen, en ze komen met de papelitos terug in Parijs, waar deze de naam *cigarettes* krijgen, die al gauw populair zijn bij prostituees. Met hun rode vuurpuntjes zijn ze in de avondschemer goed zichtbaar voor hun klandizie.

In Zuid-Amerika worden al langer 'cigaritos' geproduceerd: pijpjes van papier met tabak erin, een vinger dik. In Mexico-Stad verdienen in de achttiende eeuw al meer dan tienduizend dames hun brood met het draaiwerk.

Het papier dat met de tabak wordt opgerookt, is echter van belabberde kwaliteit en dat staat een opmars van de sigaret in de weg. Het wordt beter als in 1830 in Frankrijk een sigarettenvloeipapierfabriek wordt opgericht. Tien jaar later worden er in Frankrijk al zoveel sigaretten gerookt, dat de Franse regering de productie onder staatsmonopolie brengt. Tijdens een liefdadigheidsfeest in de koninklijke Jardin des Tuileries worden in 1843 de eerste 20 000 sigaretten van de Manufacture Française des Tabacs verkocht. In Rusland opent baron Josef Huppmann in 1850 in Sint-Petersburg de eerste sigarettenfabriek.

De verspreiding van de sigaret komt in Europa goed op gang na de Krimoorlog van 1853 tot 1856. De Russen staan tegenover de geallieerde legers van Turkije, Engeland, Frankrijk, Oostenrijk en Italië. Er wordt wel beweerd dat soldaten daar eigenhandig het rollen van sigaretten zouden hebben uitgevonden door tabak in kardoezen te stoppen, het papieren omhulsel waarmee het kruit werd verschoten. In een nog mooiere versie zou een groep Turken, wier glazen waterpijpen aan gruzelementen geschoten werden, uit nood tot deze oplossing gekomen zijn. Feit is dat Engelse en Franse soldaten oriëntaalse sigaretten, met daarin fijngesneden tabak, mee naar huis nemen.

Tabaksfabriek te Sevilla, Constantin Meunier, 1883.

De Schotse officier Robert Cloag ziet wel wat in de gewoonte van de Russen en Turken om ruwe tabak in papier te rollen. In 1856 opent hij in Zuidoost-Londen de eerste sigarettenfabriek op Britse bodem. Al snel raakt de sigaret in de mode in de betere Britse kringen. Het gaat zo goed dat Cloag na korte tijd al honderd man personeel in dienst heeft. *The oldest and the original Turkey tobacco and cigarette manufactory in England*, luidt het trotse opschrift op de gevel van zijn werkplaats. De eerste sigaretten krijgen de naam Sweet Threes. De buren van de grofgebekte Cloag zijn minder blij met de geurende fabriek in hun chique buurt. Het duurt niet lang of zakenman Louis Rothmans speelt in op het succes van de sigaret en opent in de Londense winkelstraat Bond Street ook een sigarettenwerkplaats.

DE MACHINE ZAL OVERWINNEN

De *poor man's smoke* wordt een massaproduct

De opmars van de sigaret in Europa verloopt niet, zoals veel andere consumptieartikelen, volgens het *trickle down*-effect: het fenomeen dat een nieuw product vanwege de hoge prijs exclusief door de elite wordt geconsumeerd en pas door de massa wordt omarmd als de prijs daalt. Nee, de sigaret is – en dat ligt aan de basis van het enorme succes dat zou volgen – van begin af aan populair bij de elite én het volk. Doordat de sigaret zo heerlijk verslavend is, en dankzij de mechanisatie al snel betaalbaar, roken hofdames met hetzelfde fanatisme als zeelui en soldaten. Dat is in Frankrijk halverwege de negentiende eeuw al zo. Prostituees roken in de Parijse straten sigaretjes om de tijd te doden, zo schrijft Charles Baudelaire, maar Franse dames van stand roken evengoed – ook zij hebben tijd te doden. De Franse tabaksconsumptie was al vroeg onder staatsmonopolie gebracht en de sigaret is al gauw een belangrijke bron van inkomsten. 'Ik zal het roken onmiddellijk verbieden, zodra u mij een deugd noemt die net zoveel geld in het laatje brengt,' stelt Napoleon III, zelf een enthousiast sigaretten-roker. Ook aan het hof van tsaar Alexander II van Rusland wordt rond 1855 al volop gerookt. Een paar decennia later is de Duitse keizer Wilhelm een bekende sigarettenroker. Hij rookt extra lange exemplaren, met een mondstuk. Op een keer gooit hij, rijdend door Berlijn, het mondstuk uit zijn rijtuig, tot groot geluk van een handig geposteerde straatjongen. Hij raapt het ding op en biedt het aan omstanders te koop aan: een Amerikaan betaalt hem er twintig mark voor.

De sigaret past bovendien perfect bij het nieuwe urbane leven dat in de tweede helft van de negentiende eeuw vorm krijgt. Het snelle, makkelijke pleziertje past bij de haast van de grote stad, waar auto's tram en paard vervangen en de *quick lunch* de plaats inneemt van de uitgebreide middagmaaltijd. De stadsmens raakt eraan gewend om voorverpakte producten te kopen, zoals pakjes sigaretten.

Een verslaggever van het *Nieuws van den Dag* die in 1878 de wereldtentoonstelling van Parijs bezoekt, legt uit waarin 'm de kracht van de sigaret schuilt. 'Het rooken in gebouwen op de tentoonstelling is streng verboden. Zonder de uitvinding van de sigaretten ware een verslaafd rooker nu een treurig figuur op de tentoonstelling. Heeft hij langen tijd in een afdeeling doorgebracht, en wil hij zich naar een andere begeven, dan is de sigaret zijn eenige toevlucht. De sigaar is voor hem onbruikbaar, daar hij zich misschien na weinige oogenblikken in een besloten ruimte bevindt waar de sigaar opgeofferd moet worden.'

Bij ons doet de sigaret er lange tijd niet toe. Vooral de pijp en de sigaar zijn nog altijd favoriet. En er is ook nog de pruimtabak. Dat is de goedkoopste manier van tabaksconsumptie en anders dan sigaren en sigaretten kan het overal genuttigd worden, ook op het werk. De bruine tabaksstraal wordt uitgespuugd in een kwispedoor, een metalen of porseleinen spuwpotje. Aan de Hollandse tafel zit het gezinshoofd naast de kachel en daarop staat vaak zo'n potje. In dorpen en steden doen de kanalen en grachten dienst als openbare kwispedoors voor groepjes keuvelende mannen. Het hangen op een brugleuning, ondertussen tabak kauwend, levert de haast vergeten uitdrukking 'baliekluiven' – nutteloos zijn – op. Pruimtabak is in ons land tot dik in de twintigste eeuw behoorlijk populair.

Pijproken is bij uitstek een rustiek genoegen, geliefd bij boeren en buitenlui. In menig woning of boerderij hangt een pijpenrek, waar het rookgerei veilig kan worden opgeborgen, voorzien van tegeltjeswijsheden als: 'Breekt de pijp, dan breekt het huwelijk.' Of een terechtwijzing aan het adres van de niet-roker: 'Het is geen man die niet roken kan.'

In Leiden worden rond 1870 de eerste sigarettenrokers op straat gezien, studenten. Later, als in de Nederlandse steden het flaneren in de mode raakt, is het onder dandy's *bon ton* om je met een sigaretje op straat te vertonen.

Ook in de Verenigde Staten is gezoete tabak om te pruimen lange tijd het populairst, maar het kauwen en spugen raakt in de grote stad uit de mode. Het geldt als een relict uit de tijd dat 'een Amerikaan 's ochtends in de deuropening zijn pruimtabak stond te kauwen en het meters ver van zich af kon spugen zonder de tuin van zijn buurman te bezoedelen'. Het pruimen wordt echter als onhygiënisch gezien, het zou de tbc-bacterie helpen verspreiden. In de Amerikaanse steden verdringt de sigaret de pruimtabak al snel. De eerste fabriekjes worden opgestart door Griekse en Turkse immigranten in New York. Zij mengen Virginia en Turkse tabak.

Loonkosten vormen lange tijd het leeuwendeel van de prijs van de sigaret.

Amerikanen zijn in die dagen – de wereld kan veranderen – echter nog niet erg merkbewust. Zo is het bijvoorbeeld gebruikelijk om bij de drogist 'voor een dollar' aan bepaalde spullen te kopen. Sigaretten worden vaak los of in een papieren bundeltje verkocht. De Amerikaanse tabaksfirma Allen & Ginter brengt daar op een slimme manier verandering in. Men introduceert een papieren pakje met een stevig kartonnetje erin, met daarop de merknaam. Zo went de klant aan het merk. Bovendien wordt het kartonnetje bedrukt: mooie dames en sporthelden sieren het pakje. De plaatjes vormen een serie, en vooral kinderen sparen ze graag.

De sigaret heeft de tijdgeest mee en de verkoop stijgt gestaag, maar de industrie heeft wel een probleem: de productie. Tijdens de tweede industriële revolutie zijn tal van nieuwe machines uitgevonden. Consumptiegoederen als soep, zeep, scheermesjes en kauwgum rollen van de lopende band. De sigaret wordt echter nog op een prerevolutionaire manier gemaakt. De zachte tabak en het dunne papier lenen zich slecht voor machinale productie. Zo heeft de fabrikant Allen & Ginter honderden dames in dienst voor het rollen; de loonkosten vormden het leeuwendeel van de prijs van de sigaret. Geen wonder dat zij en hun concurrenten dromen van een sigarettenmachine. Ze hebben het al een aantal keer geprobeerd, maar in de praktijk blijft het ontzettend moeilijk om een machine te bouwen die op snelheid de juiste hoeveelheid tabak in een papiertje kan persen en goed weet af te snijden.

Maar de industrie staat niet stil en in 1878 maakt het Europese publiek op de wereldtentoonstelling van Parijs voor het eerst kennis met een sigarettenmachine, Susine genaamd. Het is er een van Cubaanse makelij, die zestig sigaretten per minuut kan maken. De Fransen hebben zich in korte tijd ontpopt tot stevige sigarettenrokers, logisch dus dat men ook daar zeer geïnteresseerd is in een vervanger voor de handenarbeid. Een Nederlandse verslaggever van het *Nieuws van den Dag* is verrukt door het staaltje moderniteit dat hij voorgeschoteld krijgt. Vol bewondering beschrijft hij hoe met de machine precies de juiste hoeveelheid tabak door een papierstrook wordt omwikkeld, gegomd en afgesneden. 'En al deze bewerkingen doet de machine in een korten tijd en met een regelmatigheid die aan het ongelooflijke grenst.'

Allen & Ginter looft in 1875 75 000 dollar uit voor degene die erin slaagt een betere machine te bouwen. De jonge James Bonsack, dan zestien jaar en net gestopt met school, gaat de uitdaging aan. Hij bouwt een instrument dat hij baseert op een wolweefmachine van zijn vader. In 1880 is het prototype klaar. Er zijn drie handwerkslieden voor nodig om de 'Bonsack' aan te sturen, maar het vehikel produceert wel tweehonderd sigaretten per minuut, terwijl de rapste dameshanden er in dezelfde tijd hooguit vijf draaien.

De machine hapert nogal eens, en de opdrachtgever stuurt hem terug. Dat scheelt natuurlijk ook prijzengeld. Ook andere fabrikanten experimenteren met machinale productie, maar steeds zijn er haperingen. Conservatisme heerst in de tabaksindustrie, men vertrouwt uiteindelijk toch het liefst op de kwaliteit van het oude vertrouwde handwerk.

Dat is het moment waarop James Buchanan – 'Buck' – Duke ten tonele verschijnt. Duke is de zoon van een kleine tabaksboer, die vanuit zijn tabaksschuur in het plaatsje Durham in North Carolina een bescheiden fabriek had opgebouwd. Als veertienjarige gaat Duke in deze kleine tabaksfabriek als opzichter aan de slag en op zijn achttiende benoemt zijn vader hem tot partner. Duke jr. beseft al snel dat hij zich moet toeleggen op de sigaret om zich te onderscheiden van de plaatselijke concurrent, tabaksgigant Bull Durham. Duke jr. ontpopt zich al snel als een kapitalistische pitbull en strateeg; hij gelooft heilig in technische vooruitgang en is tot het uiterste gedreven om zijn concurrentie te verpletteren. Die concurrentie bestaat vooral uit pijp- en sigarenfabrikanten. Op het moment dat Duke het toneel betreedt, beperkt de markt voor de sigaret zich tot jongeren, arbeiders en zeelui, voor wie andere vormen van tabaksconsumptie te duur zijn.

Duke is zelf een fervent sigarenroker en diep in zijn hart haat hij sigaretten, maar hij ziet er wél brood in. Hij verandert het imago dat de sigaret in de Verenigde Staten heeft – dat van *poor man's smoke*. Duke begint bij de wijze van productie. Hij sluit een deal met Bonsack, waarbij Duke belooft om uitsluitend Bonsacks machines te gebruiken, tegen een aanzienlijke korting op de royalty's die hij per duizend geproduceerde sigaretten moet betalen. In 1884 gebruikt Duke twee machines, in 1886 zijn het er al tien. De prijs van een sigaret duikelt met vijftig procent.

Terwijl de prijs daalt en de machines zorgen voor een steeds groter aanbod, is het zaak om vraag te creëren. Duke ziet kansen genoeg, hij denkt namelijk niet in *problems*, maar in *profits*, zo schrijft Allan Brandt in *The Cigarette Century*. Duke presenteert zijn sigaretten als een modern product, door te benadrukken dat ze machinaal geproduceerd zijn. Hij verpakt zijn sigaretten in luxe pakjes met een uitschuifbaar laatje. Die zijn wat duurder, maar zo onderscheidt hij zijn merken (zoals Duke's Cameo en Duke's Preferred Stock) en de sigaretten zijn zo beter beschermd. Hij besteedt exorbitante bedragen aan advertenties, zo'n twintig procent van de winst. Langzaamaan stouwt hij de steden en het platteland vol met billboards met sigarettenreclame.

De macho Buck Duke houdt van opvallende promotie. Zo wordt het nieuwe merk Cross Cuts in 1885 gepromoot door mooie meisjes op rolschaatsen in de straten van New York. Ook huurt hij advertentieruimte op een koetsenlijndienst in New York, voor het merk Bull Durham – ooit een concurrent uit zijn geboortedorp, inmiddels Dukes eigendom. Op deze advertentie is logischerwijs een *bull*, oftewel een stier, afgebeeld. Hierop is het mannelijk apparaat van de stier echter zo gedetailleerd afgebeeld, dat de eerste de beste koetsier die met de gesponsorde wagen de weg op gaat, gearresteerd wordt. Verder steekt hij als lokkertje voor de rokers kaartjes van goed uitziende – en niet volledig geklede – dames in de sigarettenpakjes. Daarnaast brengt hij verzamelkaartjes op het gebied van sport, mode, oorlog (helden uit de Amerikaanse Burgeroorlog) op de markt. Die plaatjes zijn razend populair bij Amerika's groeimarkt: jongeren. En tussen 1880 en 1890 wordt er in de Verenigde Staten iedere minuut een kind geboren, dus Duke weet zich op termijn van een stevig klantenpotentieel verzekerd.

Bij Buck Duke begint hiermee een omstreden handelwijze in de tabaksbusiness, namelijk dat men zich met advertenties expliciet tot jongeren en kinderen richt. *The New York Times* becijfert dat een kind, om zijn verzameling plaatjes compleet te maken, 12 000 sigaretten zou moeten roken. Die onmogelijkheid zou kinderen demoraliseren en frustreren. Duke zal het schouderophalend hebben gelezen.

Dat de machines het werk overnemen van handwerkers verlost Duke van het probleem waar hij in het begin last van had: tekort aan arbeidskracht en gedoe over de arbeidslonen. De arbeiders zien zich genoodzaakt over te stappen op de sigarenindustrie, waar de mechanisatie haar intrede om technische redenen nog niet heeft gedaan – een sigaar is immers nog moeilijker machinaal te

31

fabriceren. Duke incorporeert een printshop in zijn fabriek, zodat de nieuwste kleur- en lithografietechnieken op de pakjes sigaretten kunnen worden toegepast. Intussen verbetert het productieproces door 'verticale integratie', waarbij de verschillende onderdelen van het productieproces, waaronder ook het verpakken en het transport van de sigaret, worden samengevoegd. Zo schakelt hij dure en inefficiënte tussenpersonen uit. Bovendien heeft tabak een beperkte houdbaarheidsdatum, wat bij gebrek aan moderne conserveringsmogelijkheden cruciaal is. Kortom: Duke transformeert de sigarettenfabricage en -handel eigenhandig van een artisanale bezigheid tot een gestroomlijnd industrieel proces.

Hij verhuist het hoofdkantoor van zijn bedrijf van Durham naar New York. Die stad is bezig uit te groeien tot hét commerciële centrum van het land. Om zijn ambities waar te kunnen maken, weet Duke dat de nabijheid van kapitaal belangrijker is dan de nabijheid van de grondstof van zijn handel, de tabak.

Van groot belang voor de popularisering is ook een nieuwe, veilige manier van aansteken van de sigaret. Al in 1827 ontdekte de Engelse scheikundige John Walker een chemisch mengsel dat tot ontbranding kwam door het langs schuurpapier te wrijven. Het werd op een houtje aangebracht en kreeg de naam lucifer. Maar de productie en het gebruik waren niet zonder gevaar, vanwege de schadelijke fosfordampen die vrijkwamen.

In 1852 presenteert de Zweedse ingenieur John Edvard Lundström tijdens de wereldtentoonstelling van 1855 te Parijs zijn 'veiligheidslucifer'; deze ontbrandt alleen als je hem langs een grof oppervlak strijkt. Aan het begin van de twintigste eeuw komen ze in doosjes met reclame erop op de markt. Rokers krijgen ze vaak gratis bij een pakje sigaretten; wie nooit verlegen zit om een vuurtje zal meer roken, is de gedachte – en zo gebeurt het ook.

Intussen doet Duke aan prijsdumping. Een van zijn motto's is: 'Hit your competitors in the pocket book, hit 'm hard. Then you either buy them out, or take 'm with you.' Onder druk van de prijsverlagingen weet Duke menig concurrent over te halen om toe te treden tot zijn consortium: de American Tobacco Company (ATC). Duke's drang om de grootste te worden is zo sterk dat hij zich niet tot zijn thuisland beperkt. 'The world is now our market for our product,' blaast hij, en hij verlegt zijn grenzen naar Azië en Groot-Brittannië.

In Engeland is de sigaret ook aan een gestage opmars bezig, maar ook hier zijn fabrikanten lange tijd huiverig voor het machinale werk. Een journalist van het *Algemeen Handelsblad* voorziet in 1897 dat dat niet voor lang zal zijn. Tijdens wéér een tentoon-stelling – 'De manie der tentoonstellingen wordt al grooter en grooter in Londen' – stelt hij vast dat de lenige handelsgeest van de Amerikanen, die er hun nieuwste sigarettenmachine presenteren, de conservatieve Britten zal verslaan: 'De menschelijke hand moge fijner en gelijkmatiger werk leveren, de machine zal op den duur toch overwinnaar blijken, want: *Time is money*, zooals de Yankee van de Baronmachine zijn hoorders en kijkers op het hart drukt.'

De Bonsack-machine.

Duke stapt in 1901 op de boot naar Engeland: 'Time for some action,' zegt hij bij vertrek tegen journalisten. En bij aankomst: 'Hello boys, I'm from New York. I've come to buy your business.' Duke laat zien dat het hem menens is en doet kort na aankomst de eerste aankoop: fabrikant Ogden uit Liverpool. De overige Engelse producenten besluiten niet lijdzaam toe te kijken hoe de brutale Amerikaan de boel overneemt. Ze sluiten de rijen door de vorming van hun eigen consortium: de Imperial Tobacco Company (ITC). Om de patstelling te beslechten besluiten de Britten en Amerikanen in 1902 de handen ineen te slaan. Ze vormen samen een nieuw machtsblok, onder de naam British American Tobacco (BAT).

De BAT heeft een gezamenlijke missie: het veroveren van het Europese vasteland. Ze passen een tactiek toe die ze ook in de Verenigde Staten en in Groot-Brittannië toepassen: het omkopen van de groothandelaren. 'Verkoop ons merk, niet dat van de concurrent, dan word je er zelf ook beter van.'

'Hello boys, I'm from New York.
I've come to buy your business' (Buck Duke).

Maar die tactiek werkt niet overal. Niet in Duitsland in elk geval. Het land telt meer dan duizend tabaksfabriekjes en tienduizenden werknemers, die het werk nog veelal met de hand verrichten. Soms rolt de directeur eigenhandig mee. Handelaren en fabrikanten sluiten de rijen in hun verzet tegen de brutale inmenging van de British American. Dit verzet vindt plaats tegen de achtergrond van een hevige binnenlandse discussie tussen grote industriëlen enerzijds en agrariërs en kleine ondernemers anderzijds over de vrijhandel. De conservatieven hangen het mercantilisme aan: een protectionistische overheid moet de eigen markten beschermen en monopolies tegengaan. Onzin, vinden de grote industriëlen: vrijhandel is juist een voorwaarde voor welvaart.

Om zijn visie kracht bij te zetten voorziet de tabakssector pakjes sigaretten, asbakken en ander rookgerei prominent van het predicaat *Trustfrei*, een inmiddels verdwenen samentrekking van het Engels en Duits. In de Trustfrei-pakjes sigaretten vinden rokers plaatjes van Duitse historische helden, militairen en overzeese koloniën. Ze zijn razend populair bij kinderen, die de plaatjes in albums plakken, waarvan er miljoenen worden gedrukt.

De Britten en Amerikanen spreken ook af dat ze elkaar in hun respectievelijke thuislanden niet zullen beconcurreren en ze blijven er opereren onder hun eigen namen – American Tobacco en Imperial Tobacco. BAT is tot op de dag van vandaag een grootaandeelhouder in de mondiale sigarettenbusiness.

De vorming van het binnenlandse tabaksconsortium legt Duke en zijn mede-eigenaren geen windeieren. American Tobacco vertegenwoordigt in 1890 een waarde van 25 miljoen dollar en dat is in 1910 opgelopen tot 350 miljoen. Samen met de staal- en ijzerindustrie – waar men de krachten ook tot monopolistische monsters heeft gebundeld – behoort American Tobacco tot de grootste bedrijven van het land. Ze beheersen in 1900 de volledige tabaksmarkt, dus niet alleen sigaretten, maar ook de productie van en handel in sigaren en pruim-, snuif- en pijptabak. Het succes heeft de Amerikaanse overheid echter wakker geschud. President en sigarettenroker Theodore Roosevelt – wiens motto luidt: Speak softly, but carry a big stick – maakt er werk van om de groeiende macht van deze kapitalistische bolwerken te breken. Het houdt een gezonde competitie tegen. Daar komt nog bij dat Duke de Republikeinse partij in 1904 tegen Roosevelt had opgezet, en dat is de president niet vergeten; er staat nog een rekening open.

De *Tobacco Tycoon* is in eigen land sowieso niet geliefd. Er wordt schande gesproken van het feit dat hij als 48-jarige gaat samenwonen met een andere vrouw dan zijn echtgenote. De kranten meten zijn privéleven breed uit. Bovendien heeft Duke veel vijanden onder de tabaksplanters, die hij afknijpt. Er doen verhalen de ronde over corruptie en afpersing door het machtsblok van Duke. Woedende, gefrustreerde tabaksverbouwers steken de koppen bij elkaar en starten in 1906 terreuracties. Als de 'Night Riders' trekken ze 's nachts door het land en verwoesten plantages van American Tobacco. Ook opslagplaatsen gaan in rook op en omstanders die de branden proberen te blussen worden mishandeld. Op 8 december 1907 trekken tweehonderd Night Riders te paard naar Hopkinsville. Onderweg plunderen en vernielen ze alles wat op hun pad komt. In Hopkinsville steken ze twee fabrieken in brand. Militair ingrijpen is noodzakelijk om de dolgedraaide tabaksplanters tot stoppen te brengen. Dat lukt, maar Roosevelt laat niet na te zeggen dat hij een 'onbehaaglijk gevoel' heeft ten opzichte van American Tobacco.

Duke verweert zich tegen de aantijgingen dat zijn tabaks-monopolie schadelijk is. Hij stelt dat de consumenten er alleen maar last van zouden hebben als zijn conglomeraat ontbonden zou worden, want de tabaksproducten zijn nu beter en goedkoper dan ooit. Maar tegenstanders van American Tobacco zeggen: 'Ze willen de aarde omheinen met prikkeldraad. American Tobacco is als een varken dat de hele trog leegvreet.' Dit sentiment wordt breed gedeeld. In 1911 wordt het conglomeraat ontbonden op basis van Amerikaanse antikartelwetgeving.

De opsplitsing van American Tobacco leidt tot de oprichting van vier zelfstandige firma's: de American Tobacco Company (dat Lucky Strike op de markt zou brengen), Liggett and Myers (nu bekend van L&M, Chesterfield), R.J. Reynolds (Camel) en de P. Lorillard Company (Kent). Het resultaat hiervan is niet dat de concurrentie ineens toeneemt, noch worden de sigaretten goedkoper. De kaarten op de sigarettenmarkt blijken al redelijk geschud. Wél stimuleert de opsplitsing de promotieactiviteiten van de merken die weer op eigen benen komen te staan. Ze investeren er meer dan ooit in reclame, en dat zou voortaan zo blijven.

Het bedrijf dat jaren na de opsplitsing nog een plekje op de markt verovert, is Philip Morris. Dat bedrijf promoot zijn sigaretten in de jaren dertig met de claim dat ze minder irriterend voor de lucht-wegen zijn. Daarmee wordt ook stevig geadverteerd in medische bladen, met als doel om de nummer-éénsigaret onder medici te worden en zo de status van 'verantwoorde sigaret' te verwerven. Die tactiek slaagt, Philip Morris gaat behoren tot *the big five*, de grote ondernemingen die gedurende de rest van de eeuw de sigarettenbusiness domineren.

De BAT blijft bestaan en de godfather van dit consortium, Buck Duke, behoort met zijn ongebreidelde geloof in technische vooruitgang en zijn gedurfde marketingtactieken en innovaties tot 's lands grootste ondernemers, vinden Amerikaanse historici. En als dat zo is, aldus Allan Brandt in *The Cigarette Century*, dan hoort uitvinder James Bonsack thuis in het rijtje pioniers als Graham Bell (telefoon), Thomas Edison (gloeilamp) en de gebroeders Wright (luchtvaart): mannen die de maatschappij met hun vindingen radicaal hebben veranderd.

Een kleine kanttekening bij de visionaire blik van Duke is echter wel op zijn plaats. Nadat zijn American Tobacco Company is ontbonden, verliest hij zijn interesse in de sigaret. Duke denkt dat de sigarettenmarkt in 1912, als er zo'n 13 miljard sigaretten worden geproduceerd, wel zo'n beetje verzadigd is.

Duke stapt in de groeiende business van waterkrachtcentrales en ook daarin is hij succesvol. Nog is zijn honger als ondernemer niet gestild, hij stort zich in de textielindustrie en brengt al gauw driehonderd fabrieken onder zijn controle. Tot slot bemoeit hij zich in Canada met de snel groeiende aluminiumproductie. Het is Duke niet te doen om het geld, hij leeft zuinig. 'Rijk is slechts de man die passie heeft voor wat hij doet, voor zijn beroep,' laat hij optekenen. Tot zijn dood in 1925 kan hij meemaken hoe de sigaret, tegen zijn verwachting in, jaar na jaar steeds een groter marktaandeel in de totale tabaksconsumptie verovert.

Duke krijgt vanwege zijn pitbullkapitalisme in eigen land nooit waardering voor zijn ondernemerschap. Om toch iets tastbaars na te laten voor zijn land en streek investeert hij aan het eind van zijn leven miljoenen in de universiteit in zijn geboortestad. Op het terrein van Duke University in Durham is een levensgroot standbeeld van de tabakspionier te vinden.

Duke laat één, steenrijke, dochter na. Doris Duke kan op haar dertigste al teren op een privévermogen van een kwart miljard dollar. Ze leeft echter niet volgens de calvinistische principes van haar vader. Ze kan niet stilzitten en leidt een avontuurlijk bestaan; ze reist de wereld over als journalist, leert surfen op Hawaï en is bovenal weldoener. Haar hele leven zet ze zich in voor het behoud van kunst, cultuur en natuur; als ze overlijdt is zo'n beetje het complete vermogen dat haar vader opbouwde – omgerekende geschatte waarde 1,3 miljard dollar – naar het goede doel gegaan. Doris Duke verwerft bekendheid in de society- en roddelbladen als *the world's richest girl*. Tijdens een van haar bruiloften steekt haar kersverse echtgenoot, de befaamde playboy Porfirio Rubirosa, zijn sigaret aan met een biljet van duizend dollar.

DE ROMANTIEK VAN HET NUTTELOZE

Haat en liefde in de begindagen van het roken

'Roken is nu algemeen in restaurants, en een niet-roker kan zelden zijn maaltijd gebruiken zonder de verziekende tabakslucht van de roker, die totaal geen rekening wenst te houden met de rechten en het comfort van anderen.'

Sinds 1995 geldt in restaurants in New York een rookverbod, Nederland volgde dertien jaar later. In de Verenigde Staten ging daarmee een door sommigen lang gekoesterde wens in vervulling; bovenstaand citaat komt uit *The New York Times* van 1913. De krant verzette zich tegen een petitie om rookcoupés in te richten in de metro. Vanaf het moment dat de sigarettenmachines eenmaal goed draaien is de sigaret in de Verenigde Staten namelijk aan een onwaarschijnlijke opmars begonnen en die ontwikkeling ontgaat niemand, ook de niet-roker ziet dat de lucht om hem heen steeds vaker blauw kleurt. Die snelle opmars is mede te danken aan de technische vooruitgang en slimme marketing, maar het grote geheim van het succes zit 'm in de aard van het product. Dat wil zeggen: in de gedroogde tabak die in de sigaret wordt gebruikt.

Lange tijd werden de tabaksbladeren met houtvuur in schuren gedroogd, maar in 1840 ontstond bij toeval een nieuwe droogtechniek. Volgens de overlevering moest een jonge slaaf, genaamd Stephen, het vuur in de droogschuur bewaken op een tabaksplantage in North Carolina. Hij viel in slaap en werd ternauwernood wakker. Het vuur was gelukkig nog niet gedoofd, maar hout had hij niet binnen handbereik. In een naastgelegen smidse vond hij houtskool, en dat gooide hij op het vuur. Wat bleek? De tabaksbladeren droogden mooi goudgeel op. En bij het roken bleek de smaak bovendien veel milder.

De droogtechniek werd nog verder verbeterd door de hete lucht door ijzeren ovenpijpen te leiden; zo verdween de 'vuurlucht' uit de tabaksbladeren. Voordeel was dat droogschuren zo minder snel in brand vlogen. Maar de grootste winst is dat deze zogenaamde *flue cured*-tabak in de longen geïnhaleerd kan worden. Dat geeft de roker de lekkere snelle nicotinekick; de nicotine komt sneller in het bloed en bereikt binnen luttele seconden de hersenen. Ziedaar het startpunt voor een levenslange verslaving. Want zonder nicotine, zo schrijft de Amerikaanse onderzoeker Hamilton Russell in 1971, 'Zou de aandrang om sigaretten te roken net zo sterk zijn als de behoefte om bellen te blazen.'

De excentrieke schrijver én kettingroker Oscar Wilde weet alles van het nieuwe fenomeen. Hij verzucht in 1891: 'You must have a cigarette. A cigarette is the perfect type of a perfect pleasure. It is exquisite, and it leaves one unsatisfied. What more can one want?'

Jaren later refereert een onderzoeker van British American Tobacco aan Wildes woorden, als hij denkt aan een zonnige toekomst voor zijn bedrijf: 'Let us provide the exquisiteness and hope that they, our consumers, continue to remain unsatisfied. All we would want then is a larger bag to carry the money to the bank.'

Britse critici, pijp- en sigaarrokers van stand, noemen het nieuwe rokertje in opiniestukken 'a miserable apology for a manly pleasure'. Het past ook wel bij een homoseksueel als Oscar Wilde, 'met zijn verwijfde gedrag'. Het is hoe dan ook een vreemde gewoonte, schrijven ze, typisch iets voor de 'minderwaardige rassen van het continent'.

De sigaret, met zijn bijbehorende snelle genot, wordt geassocieerd met verkwisting en beschouwd als een vluchtig consumptieartikel voor lieden die zichzelf niks kunnen onthouden. Het is iets voor zwakkelingen, die het echte werk niet aankunnen, menen sigarenrokers. Is de sigaar een maaltijd, dan is de sigaret een snack. Veel sigarettenrokers gebruiken de sigaret ook als goedkope sigaar en inhaleren niet, een rookgewoonte die tot ver in de jaren veertig vrij algemeen is. De Engelse schrijver en pijp-aficionado J.B. Priestley karakteriseerde de sigarettenrokers als 'robotrokers'; 'born to raise the dividends of tobacco combines and cartels'.

Sigarettenrokers laten zich door maatschappelijke afkeuring niet van hun heerlijke gewoonte af brengen. Daarvoor is het gewoonweg te lekker. 'Als men rookt,' zo filosofeert de hoofdpersoon in Thomas Manns *De Toverberg* (1924), 'dan is men geborgen, dan kan je niets gebeuren. Het is precies zoals wanneer je aan het strand ligt, dan lig je aan de zee, nietwaar, en heb je verder niets nodig, geen werk en geen bezigheid.'

'Voor wie de volledige overgave aan de genotzucht nastreeft is de sigaret het instrument bij uitstek,' schreef Jeroen van Kan in een essay over de begindagen van het roken. 'Er wordt niets mee bereikt, er wordt geen roes aan ontleend, het enige plezier is gelegen in het onblusbare verlangen dat elke sigaret wekt naar de volgende. Dat moeten de arcadische dagen van het roken geweest zijn. De romantiek van het nutteloze.'

Oscar Wilde met sigaret, 'a miserable apology for a manly pleasure'.

Naast geborgenheid, rust of het inlossen van een onbestemd gevoel van onvervuld verlangen, wordt de sigaret ook de kwaliteit toegedicht zo goed te passen bij het ritme, het lawaai en de nervositeit van het grotestadsleven. Met een sigaar of pijp trek je je als roker terug, een sigaret helpt de roker door de gejaagde dag, het brengt hem in balans met het snelle leven om hem heen.

Bovendien staat een sigaret ook best stoer. Daarom is de sigaret het vaste attribuut van de waaghalzen die een nieuwe, levensgevaarlijke tak van sport beoefenen, de vliegsport. Niet iedere rit door de lucht kent een goede afloop, en na iedere dollemansvlucht – als er weer eens een huis of een hek geraakt is – krijgt de toeschouwer hetzelfde toneelstukje te zien, schrijft het *Nieuws van den Dag* in 1911. 'Nog stuift en wolkt het stof om het gebroken vliegtuig op, nog siddert bange twijfel in de borst van den toeschouwer, of de koene vlieger die van een tragisch lot ontgaan is en daar staat reeds, te midden van de splinters, de als door een wonder ontkomene, de hand brengt hij even naar het oor, een vlammetje flikkert op en reeds vermengt zich met het nog maar half verwaaide stof de blauwige rook van de sigaret... Met een achteloos gebaar doet hij het, ongedwongen en achteloos. De sigaret is de eenige vorm van de tabak, die zich voor dergelijke oogenblikken leent, de eenige vorm, die een zoo goede houding, een zoo eigenaardig beeld mogelijk maakt.'

Niet alleen in de vs is de sigaret gemeengoed geworden. Neem Spanje, daar zetten ze ieder vertrek blauw van de rook, zo stelt een Nederlandse verslaggever in 1910 met stijgende verbazing vast. Hij begrijpt dat je je sigaret moet doven als je een bordje *se prohibe fumar* ziet hangen. 'Doch de zaalwachters zelf *smoken* als schoorsteenen. Kellners, zelfs in vrij Europeesch gehouden hotels of restaurants rooken, terwijl ze je bedienen; de kapper die je scheert, laat je zoo nu en dan eens met ingezeept gezicht wachten, om een paar haaltjes aan zijn sigaret te doen; in de theaters rookt het geheele orkest, zie je de blaasinstrumenten benauwd kijken of het nog lang moet duren voor ze weer eens even wat nicotine naar binnen kunnen halen. Bij het dansen rooken de heeren stevig door, wolkjes over de schouders van de dames werpend.'

Op de Balkan weten ze ook wel raad met sigaretten. 'De dood is verkieslijker dan het leven, waarin ik niet kan roken,' schreef de Joegoslavische boer Carlo Karakash in de jaren dertig. Het was volgens de overlevering een afscheidsnotitie, want de boer joeg zich een kogel door het hoofd. De dokter had hem het roken van sigaretten om gezondheidsredenen verboden.

Het is deze alomtegenwoordigheid van de sigaret waar *The New York Times* zich in 1913 met een pamflet tegen verzet. Dat verzet is inherent aan de opkomst van de sigaret: lofzang en maatschappelijke afkeuring gaan hand in hand. Dat is al vanaf de tweede helft van de negentiende eeuw het geval. Amerikaanse puriteinen zien de sigaret als een rechtstreekse bedreiging van oude waarden die teruggaan op de kolonisten, zoals zuinigheid en discipline. Waarden die ver af staan van de vele onmatige sigarettenrokers. 'De strijd tegen tabak is de strijd om ons land te bevrijden van mentale slavernij,' schrijft een Amerikaanse antiroker. *The New York Times* is van begin af aan een felle criticaster van de sigaret. De krant voorziet al in 1884 het einde der tijden als er zo doorgerookt wordt. 'Het verval van Spanje begon toen men de sigaret omarmde, en als deze verderfelijke gewoonte gemeengoed wordt onder volwassen Amerikanen, dan is het failliet van onze Republiek nabij.' De zorgen zijn wel begrijpelijk. In 1875 worden er in het hele land ruim 40 miljoen sigaretten gerookt, vijf jaar later zijn dat er al 500 miljoen.

Hoewel de sigaret in Nederland dan nog lang niet zo populair is als in de Verenigde Staten, is ook hier het verzet al vroeg hoorbaar. Dat komt van verschillende fronten. Zo is er aan het einde van de negentiende eeuw een ware *club mania* gaande; iedereen met een idee of gedachte zoekt gelijkgezinden, en samen vormen ze een club. Denk aan homeopaten, vegetariërs, spiritisten en geheelonthouders. De clubs zijn, in de woorden van historicus Jan Romein, 'schuilhutten voor non-conformisten en idealisten'. Onder deze idealisten heerst vaak een sterk antirokensentiment. Felix Ortt, eind negentiende eeuw de aanvoerder van de vegetariërs, haalt in zijn antirookpamflet *Het Rooken* een Franse arts aan, die verhaalt over een vijfjarig meisje dat plotseling ziek werd, onder 'opvallende verschijnselen'. 'Iedere morgen ontstond een hardnekkige braking met beslagen tong en slecht riekenden adem. Geen enkel middel door den gendarmeriearts voorgeschreven mocht baten; 't kind ging zienderogen achteruit.' Het meisje werd naar een kuuroord gestuurd en herstelde, maar eenmaal thuis was het direct weer mis. Bij toeval ontdekte de dienstdoende arts de oorzaak. Wat bleek? De tussendeur van de kamer waar het meisje sliep en het vertrek waar de vader rookte stond open. 'Beide vertrekken waren met dikken tabaksrook gevuld. Vader liet voortaan de tussendeur dicht, en 'van dat oogenblik af was het kind gezond.'

Het boekje van Ortt is een nogal drammerige opsomming van al het slechte dat roken veroorzaakt. Het past bij het idealisme dat Ortt en zijn naar reinheid strevende tijdgenoten tekent. 'Al dit gezond en zuiver willen doen had in zijn eenzijdigheid en onwerkelijkheid vaak iets ziekelijks, al dit streven naar het hogere vaak iets onmenselijks in zijn bloedeloze humorloosheid,' schrijft Romein.

Niet dat de idealisten geen terechte punten van zorg hadden. In 1895 ontdekt de Duitse fysicus Wilhelm Röntgen de naar hem genoemde stralen, waarmee voor het eerst in het menselijk lichaam kan worden gekeken zonder dat er een mes aan te pas komt. Al snel worden de schadelijke gevolgen van het roken voor de longen vastgesteld. Maar de sigaret krijgt de schuld van veel meer kwaad. Zo leidt het volgens artsen tot dwerggroei en impotentie. Ortt beschrijft dierproeven die laten zien waar chronische nicotinevergiftiging bij honden en biggen toe leidt: de testikels werden week en schrompelden samen. Zevendedagsadventisten laten zich evenmin onbetuigd. Zij geven in 1897 een pamflet uit, *Eenige feiten betreffende het tabaksgebruik*, waarin we lezen dat 'Het gift, dat een pond tabak bevat, is in staat 300 mannen te dooden, wanneer het zoo gebruikt wordt dat het zijn volle werking op het lichaam kan uitoefenen.' In krantenartikelen wordt melding gemaakt van overlijdensgevallen als gevolg van onmatig roken. Ook kan roken volgens sommige berichten leiden tot plotselinge krankzinnigheid, een aandoening die bekendstaat als 'tabakspsychose'.

In Groot-Brittannië worden deze zorgen gedeeld. Bezorgde antirokers koppelen de toestand van een land graag aan het rookgedrag. Zoals de lijfarts van de Britse koninklijke familie in de negentiende eeuw, Sir Benjamin Brodie, die schreef dat zowel de 'Rode Indianen' als 'de luie, lethargische Turken' zuchtten onder hun rookgedrag. Roken maakt een heel volk achterlijk, zo is de redenering. Je hoeft maar te kijken naar de vernedering die het Franse volk, fanatieke sigarettenrokers, heeft ondergaan toen het werd verslagen door de Pruisische legers in 1870, om te zien wat tabak vermag.

Tegen het eind van de negentiende eeuw, met een grote kalenderverschuiving voor de deur, groeit onder fanatieke religieuzen het geloof in een apocalyps. Het geloof dat tabak een duivels kruid is, zoals religieuze fanatici al in de tijden van Columbus beweerden, herwint terrein, vooral in de Verenigde Staten. De christelijke onderwijzeres Lucy Page Gaston is in de vs de fanatieke aanvoerster van de antirookbeweging. Zij wordt wel omschreven als een baardloze variant van oud-president Abraham Lincoln. Zij legt een tomeloze energie aan de dag om vooral de jeugd bij het duivelse staatje weg te houden, want daarvan krijg je een 'sigarettengezicht'. Ze organiseert in het hele land protestbijeenkomsten, waarbij duizenden schoolkinderen de eed afleggen nooit te zullen roken en drinken. Op Gastons instigatie worden lokale initiatieven gebundeld in de National Anti-Cigarette League, die in 1901 300 000 leden telt. De league lobbyt voor antirookwetgeving. En met succes; nadat de staat Washington al in 1893 de verkoop van sigaretten verbood, voerden kort na de eeuwwisseling nog drie staten dat verbod in.

In de Verenigde Staten keren ook invloedrijke figuren zich tegen de sigaret, zoals autofabrikant Henry Ford. Hij produceert in 1916 een pamflet onder de titel *The Case Against the Little White Slaver*; de sigaret als slavendrijver. Zijn antirookboodschap wordt ondersteund door getuigenissen van dokters, advocaten en filmhelden. Ford adviseert werkgevers geen rokers in dienst te nemen, want hun arbeidsethos deugt niet. 'Sigarettenrokers hebben losse manieren en zijn vaak erg onbetrouwbaar.' Hij weet waar sigaretten roken toe leidt. Eerst volgt de drank, dan de opium.

De oude Ford is volhardend in zijn standpunt. Decennialang is roken verboden voor dealers, monteurs en klanten van Ford, ook in de duizenden Ford-showrooms over de hele wereld. Pas in 1947, als Ford sr. overlijdt, is het gedaan met de ban op het roken. Het opheffen van het rookverbod wordt gezien als een overwinning voor de arbeiders bij Ford. Maar Henry Ford zou tevreden hebben kunnen vaststellen dat het rookverbod op de Ford-werkvloer decennia later in ere wordt hersteld.

Nog restrictiever gaat het er in de Henry Ford Health Systems aan toe. In 1915 richtte Henry Ford uit welbegrepen eigenbelang een ziekenhuis op in Detroit, de thuisbasis van zijn autofabriek. Hij erkende het belang van een gezonde en productieve bevolking. Dit hospitaal is in de loop der tijd uitgegroeid tot een conglomeraat van zorginstellingen, met Detroit nog altijd als hoofdkwartier, waar tienduizenden mensen werken. Medewerkers mogen er sinds 2007 niet roken in werktijd, ook niet tijdens de lunchpauze. Ze mogen thuis wel roken, maar ze mogen er niet naar *ruiken* als ze op hun werk komen. *The Detroit Free Press* schrijft dat sollicitanten dan ook op nicotinegebruik worden gescreend. Een woordvoerder van Henry Ford Health Systems schrijft dat men het gedrag van het personeel buiten de werkvloer niet wil dicteren, maar wie de voorschriften overtreedt, wordt ontslagen. De geest van Henry Ford leeft dus voort in de Amerikaanse autostad.

In de uitvinder van de cornflakes, J.H. Kellogg, heeft Ford een prominente medestander. Kellogg is anti-tabak, anti-alcohol en anti-seks. Als zevendedagsadventist propageert hij een strikt vegetarisch dieet, waarin granen en noten een belangrijke rol spelen. Het verantwoorde eten moet bijdragen aan het afremmen van seksuele behoeften. Er wordt wel beweerd dat hij gedurende zijn veertigjarig huwelijk nooit gemeenschap had met zijn vrouw. Hij runt met haar een sanatorium waarin patiënten als onderdeel van een regime van gezond eten, ademhalingsoefeningen en lichaamsbeweging wordt bijgebracht hoe slecht het roken van sigaretten is. Het verval van de natie is volgens Kellogg aan de gezichten van de rokers af te lezen. 'Veel jonge mannen van een jaar of twintig of vijfentwintig, zien eruit als een oude man van zestig of zeventig. Als de sigaret op is, is hun lichaamskracht vervlogen in rook.'
Ook sporters sluiten zich aan bij het verzet. Zoals Honus Wagner, bijgenaamd *The Flying Dutchman* (terwijl hij een kind is van Duitse immigranten), geroemd als een van de beste honkbalspelers aller tijden. Zijn afbeelding is verkrijgbaar bij een pakje Sweet Caporals, en maakt onderdeel uit van de zogenaamde T206-serie die de American Tobacco Company op de markt brengt. Wagner verzet zich tegen de verspreiding van zijn afbeelding. Hij vreest – gezien de populariteit onder jongeren terecht – dat de spaaractie

kinderen aanzet tot roken. Althans, zo luidt één verklaring. Een andere is dat Wagner meer geld eiste van de American Tobacco Company. Feit is dat Wagner van de ATC eist dat zijn afbeelding uit de roulatie wordt genomen. Dat gebeurt in 1909.

Wereldwijd zijn er tienduizenden verzamelaars die de serie van 524 honkballers willen completeren en daar betalen ze grof geld voor, sommige plaatjes kosten honderdduizend dollar. Maar dat is nog kinderspel vergeleken bij het plaatje van Wagner. In 1933 staat deze voor vijftig dollar in een catalogus. Decennia later zijn er nog maar enkele van in omloop, in 1985 gaat er een voor 25 duizend dollar van de hand. Dit gave exemplaar wisselt in 2007 voor 2,8 miljoen dollar van eigenaar.

Narcoti-cure biedt genezing van de tabaks-
verslaving in 4 tot 10 dagen (1895).

In 1910 richt de arts Charles Pease de Non-Smokers Protective League op, die opkomt voor de belangen van niet-rokers en pleit voor een rookverbod in publieke ruimtes. Maar de lobby is tamelijk vruchteloos, de verslavende sigaret wint steeds meer zieltjes en er wordt juist op steeds méér plaatsen gerookt. De roker kan nu eenmaal niet zonder. Hij is verslaafd, al wordt de rookgewoonte aan het begin van de twintigste eeuw niet zo opgevat. Verslaafd is de opiumklant, iemand die zwak is van geest en gestel. Zo iemand is niet te genezen. Tot de rokers behoren verstandige, respectabele mensen, dat zijn geen verslaafden. De liberale tijdgeest schrijft voor dat mensen zelf verantwoordelijk zijn voor het gebruik van middelen binnen redelijke grenzen, verbieden is niet aan de orde. Middelen als cocaïne en morfine zijn ook vrij verkrijgbaar. Toch begint het besef te dagen dat het niet zo makkelijk is om met het roken van sigaretten te stoppen, ook al wil je het nog zo graag. Op verschillende plaatsen kunnen rokers zich daarom laten behandelen. Zo ondersteunt de stad Los Angeles een anti-sigarettenkliniek, waar rokers hun mond kunnen laten spoelen met een oplossing met zilvernitraat, wat als effect heeft dat het sigaretten alle smaak ontneemt. Postorderbedrijf Sears, Roebuck & Co, opgericht in 1893 om de pioniers van alle dagelijkse behoeften te voorzien, biedt gans het land 'een zeker geneesmiddel tegen de tabaksgewoonte' aan, met de slogan: 'Tobacco to the Dogs'.

EEN PROVOCERENDE DAAD

De schande van rokende vrouwen en kinderen

Eind negentiende, begin twintigste eeuw wordt de opvatting dat sigaretten slecht zijn tamelijk breed gedeeld, bijvoorbeeld in krantenartikelen. Dat ze longkanker of hartziekten kunnen veroorzaken, is dan nog niet bekend, maar gezond kan het niet zijn, vindt menigeen. Het baart de tegenstanders dan ook ernstige zorgen dat sigaretten razend populair zijn bij een nieuwe lichting rokers: kinderen en jongeren. Kinderen van negen, tien jaar, soms zelfs jonger, blijken zich zeer aangetrokken te voelen tot het nieuwe rokertje. Ze vinden het stoer om sigaretten op te steken, om volwassenen na te doen. Een Duitse journaliste schrijft in 1897, als zij de brutale Amerikaanse jeugd observeert: 'Met een panamahoedje op het hoofd, handschoenen aan, een wandelstok onder de arm en met het ernstigste gezicht van de wereld gaan zij wandelen en roken een sigaret. In het begin durfden ze deze zelfs mee het schoolgebouw in te nemen.' Met moeite, zo constateert de verslaggeefster, weet de onderwijzer zijn leerlingen ervan te overtuigen dat zij hun sigaretten pas bij het verlaten van de school weer opsteken.

En dat terwijl de nieuwe eeuw door de Zweedse socialiste en feministe Ellen Key nog wel is gebombardeerd tot 'de eeuw van het kind'. Er komt aandacht voor de vorming en scholing van kinderen en Key pleit voor meer verzorging, bescherming en hulp aan kinderen, tegenover minder plichten, gevaren en inspanningen. Ze wijst vooral op de belangrijke rol van de vader in de opvoeding. Zij zouden hun kinderen op zijn minst van het roken moeten afhouden. Maar niet alle vaders gaan mee in het verheffingsideaal van hun kinderen, zo blijkt uit een verslag in *Het Parool* van schrijver A.B. Kleerekoper, die een wandeling door een Gelders dorp maakt. ''t Is zaterdagavond. En alle kleine jongens loopen met een cigaretje in den mond. Het helle vuurpuntje, midden op het snuitje boven 't kleine figuurtje, is als een stekelig insect op de kelk van een bloem. Zóó lopen ze bij hoopjes, enkele zelfs aan vaders hand.' Kleerekoper kan zijn afkeuring niet verbergen en vraagt aan een paar rokende jongens of hun vader dat wel goed vindt, en ze antwoorden: 'Van me vader kreeg ik juust elken Zondag een duske vol.'

Rokende schooljongens in New York, 1911.

In de literatuur halen auteurs vaak met een glimlach hun eerste rookervaringen op. Dat begint vaak met het overwinnen van walging en/of een straf die volgt als ze betrapt worden. Die bestraffing is vaak ingecalculeerd, het hoort bij de inwijding in het volwassen leven. De Vlaamse auteur Louis Paul Boon, geboren in 1912, schreef hoe hij als scholier in de bioscoop kennismaakte met het roken. In een kort tijdsbestek rookte hij vijf sigaretten – ze mee naar huis nemen was geen optie. 'Ik dacht dat ik wel dadelijk zou sterven. Zover was het niet, ik bracht alleen mijn middageten weer naar buiten.' Gelukkig gaf Boon sr. het goede voorbeeld: 'Zijn vader rookte en hij rookte, waarom zou dan de jongste spruit niet in deze familietraditie worden opgenomen? Hij schonk me een pakje, dat ik voorlopig nog niet op zak mocht hebben, doch waaruit me af en toe eentje werd geschonken. Op zondag zelfs twee.'

Schrijver en socialist Maurits Dekker was naar eigen zeggen zoon van een van de eerste sigarettenfabrikanten in Nederland en groeide begin twintigste eeuw op in een Amsterdamse volksbuurt. Hij rookte als jongen van tien 'als een schoorsteen', zo schreef hij in 1955 in een rookspecial van *Tussen de rails*, het tijdschrift van de Nederlandse Spoorwegen. 'De eerste sigaretten, die toen nog met de hand werden gerold, lagen voor mij voor het grijpen. Ik had altijd sigaretten op zak en voor de jongens uit mijn omgeving moet ik een soort filiaalhouder van Sinterklaas zijn geweest. Behalve bij de onderwijzers, was ik ook op school zeer gezien en nooit heb ik zoveel vriendjes gehad als in die dagen.'

Nederlandse onderwijzers maken zich, zoals Dekker aanstipt, grote zorgen over hun rokende basisschoolleerlingen. Uit een enquête die Amsterdamse docenten in 1907 houden, blijkt dat 75 procent van de jongens uit de hoogste klassen rookt. Ze maken hun snoepcenten stiekem op aan sigaretten. En als ze op het schoolplein niet mogen roken, dan zetten ze net daarbuiten de boel blauw. De jonge rokertjes zijn vaak beverig, en zenuwachtig. Ze blijven ook het vaakst zitten. In 1906 wordt op een openbare school in Amsterdam ingegrepen. Kinderen die betrapt worden op roken krijgen een briefje mee, bestemd voor hun ouders:

Amsterdam, ...1906

Ik bericht U, dat uw zoontje ... heeft gerookt. Er is gebleken, dat dit zeer nadeelig is voor zijn verstand. Bovendien is het een slecht voorbeeld voor andere schoolkinderen. Ik kan niet toelaten, dat dit kwaad zich de geheele school door verspreidt, en verzoek U daarom hem dit rooken te verbieden en te beletten.

Het hoofd der School.

**Gezien, Vader
of Moeder**

Het zijn lovenswaardige inspanningen van het lerarenkorps, maar, zo constateert een briefschrijver in de *Dordtsche Courant*, eenmaal buiten de schoolmuren paffen ze er alsnog lustig op los. Hoe dat komt? 'Enkele fabrikanten van sigaretten bieden hun afnemers cadeaux aan, vandaar dat vele jongens op 14- à 15-jarigen leeftijd al verslaafde rookers zijn geworden, alleen gedreven door de begeerte om spoedig in het bezit van een geschenk te zijn. In pakjes van 10 stuks zitten coupons. 50 van die coupons leveren een mondorgel op, 250 een carbid-lantaarn en 600 een paar ringen met trekstok. De hoofdprijs is een fiets, maar dan moet je 12 000 coupons inleveren.' Een jongen van elf, een zekere A.K. te Dordrecht heeft 'al rookende en smookende' een tweewieler bemachtigd, al heeft hij ook wel eens een couponnetje gekocht tegen betaling van een cent, zo meldt de brievenschrijver in de krant. 'Hoe het ook zij, dit jongmensch heeft een ontzettende werking van keel en longen moeten vergen om zich in het bezit van een fiets te kunnen stellen. Met bovenstaande gegevens voor oogen, zal het duidelijk zijn, dat het heel wat moeite zal kosten om den strijd tegen het rooken van sigaretten met succes aan te binden.'

Rokende kinderen en jongeren staan model voor moreel verval, zo menen onderwijzers en pedagogen. Het zijn vooral 'verwaarloosde straatzwervertjes' die roken. Deze vroegrijpe jongeren en kinderen in grote steden worden gezien als een probleem. De afwezigheid van een onbekommerde, kinderlijke levenshouding wordt gezien als het gevolg van een gebrekkige ontwikkeling, en de sigaret in handen van deze jongens is het symbool van die achterstand. De toekomst van het land staat op het spel, zo luidt het bezorgde krantencommentaar. 'Het moet ieder nadenkend mens onaangenaam treffen op zon- en feestdagen kleine, bleke, uitgepieterde kereltjes tegen te komen, die in plaats van te spelen, rondslenteren met een eind sigaar of een sigaret in het hoofd. Zij toch zullen over enige jaren huisvaders, arbeiders, landverdedigers moeten worden. De gevolgen van het vroegtijdig roken zijn het vooral, die de frisse blos van hun wangen verdreven hebben, die treurige tekenen van vroege rijpheid en ouderdom op gelaatsuitdrukking en voorhoofd hebben gegroefd.'

Ook wordt roken in direct verband gebracht met crimineel gedrag. Zo stelt een politieofficier belast met jeugdzaken in Los Angeles proefondervindelijk vast dat negentig procent van de jeugddelinquenten sigaretten rookt. Hij constateert bovendien dat de meesten van hen zich kenmerken door een geringe lengte en beperkte intelligentie. Ook Hudson Maxim, een Amerikaanse uitvinder van explosieven, doet een duit in het zakje door jongeren te waarschuwen: 'With every breath of cigarette smoke they inhale imbecility and exhale manhood [...] the cigarette is a maker of invalids, criminals and fools.'

Ook vanuit medisch oogpunt komen de kwalijke gevolgen van het roken bovendrijven. Zo stelt men in Groot-Brittannië bij de rekrutering van jonge soldaten voor de Boerenoorlog (1899-1902) vast dat een derde van alle afkeuringen te wijten is aan 'een rokershart'. De grondlegger van de scouting, Sir Robert Baden-Powell, die als luitenant-generaal in de Boerenoorlog actief was, voedt de verdachtmaking dat roken de natie verslapt. In zijn trainingshandleiding *Scouting for Boys* stelt hij dat tijdens de oorlog 'smokers generally turned into rotters'. Antirokers vinden hierin een verklaring voor het matige optreden van de Britten in Afrika. Dat Baden-Powell zelf ook een verwoed roker was vermeldde hij niet in zijn handboek, maar zijn bevindingen leiden er wel mede toe dat de Britse regering in 1908 de verkoop aan kinderen onder de 16 jaar bij wet verbiedt.

Daar willen bezorgde opvoeders in Nederland ook naartoe, en daarom pleit de Bond van Nederlandse onderwijzers er in 1911 bij de minister van Binnenlandse Zaken voor om ook maatregelen te treffen. De noodkreet komt terecht in een ambtelijke molen: de minister stuurt de brief door naar de Centrale Gezondheidsraad, en die benoemt een commissie. Het advies van die commissie getuigt van het oude liberale ideaal van de nachtwakersstaat: geen wettelijk verbod, laat het antirookadvies maar over aan particulier initiatief, en ondersteun dat. Ter motivatie wijst de commissie geestig genoeg op de Nederlandse volksaard. Die mentaliteit kennende – wellicht dachten de deskundigen aan het fanatisme waarmee 's lands volk ooit pijp rookte – zou soortgelijke wetgeving hoogstwaarschijnlijk een dode letter blijven. De adviescommissie verwijst daarbij niet geheel ten onrechte naar de Verenigde Staten. Daar geldt inmiddels een verkoopverbod in veertig van de (toen nog) zevenenveertig staten, maar dat verbod wordt in de praktijk amper gehandhaafd. De sigaret blijkt simpelweg te populair. Bovendien: wie zegt dat kinderen dan niet binnenshuis roken?

Geen wettelijk verbod dus, en zo verovert de sigaret meer en meer kinderharten. In Rotterdam rookt in 1914 bijna driekwart van alle kinderen in de hoogste klassen van de basisscholen, in Nieuweschans (Groningen) is dat zelfs negentig procent. In 1916 spannen Haagse kinderen de kroon, schrijft Hans Pars in de bedrijfsbiografie van Laurens Sigarettenfabriek uit die stad. Uit een onderzoek van de Haagse afdeling van de Bond van Nederlandse Onderwijzers, waaraan vierduizend jongens meedoen, blijkt dat maar liefst zevenennegentig procent van de jongens wel eens een sigaret rookt. De enige beperking die wordt opgelegd komt van lokale overheden, die vanaf het midden van de jaren tien de verkoop van sigaretten aan kinderen onder de veertien jaar verbieden.

Minstens zo schandelijk als rokende jongelui, aldus opiniemakers en moralisten, zijn rokende vrouwen. Bij jongeren maakt men zich oprecht zorgen om hun gezondheid, om de verloedering van de maatschappij die hun rookgedrag symboliseert. En, in een nog ruimer perspectief, de bedreiging die dat vormt voor de toekomst van de natie. Maar als vrouwen gaan roken, dan komt de complete man-vrouwverhouding op het spel te staan.

Prostituees roken, zij maken zich met de oranje vuurpuntjes van hun sigaretten in de avondschemer zichtbaar. Rond 1900 roken steeds meer dames van stand, al is dat aanvankelijk nog vaak een provocerende en brutale daad. Roken is populair bij de voorvechtsters van vrouwenrechten. Een verslaggever van het *Algemeen Handelsblad* typeert ze als 'dwaze vrouwen... die aan het uiterlijke hangen bleven, de haren kortknipten, sigaretten rookten en bij voorkeur in manskleederen gingen.'

Zo'n rokende, kortgeknipte dame zorgt in 1901 in Amsterdam voor een heuse volksoploop. Gekleed in een met gouden banden belegde blouse, voorzien van een oranjerozet en een wandelstok, drinkt zij een kopje koffie en steekt de ene na de andere sigaret op. Passerend publiek houdt stil om te kijken naar deze 'feministische verschijning'. Nadat haar koffie op is, loopt ze de Kalverstraat in, waarbij ze zich langzaam maar zeker achtervolgd weet door een heuse menigte, en de politie moet eraan te pas komen om de situatie onder controle te houden. 'De rookende wandelaarster bekeek het Thorbecke-standbeeld, omringd door een woelende menigte, wandelde de Vijzelstraat in, waar de trams moesten stoppen om geen ongelukken te veroorzaken, kwam opnieuw in de Kalverstraat terecht, thans begeleid door vier agenten, twee rechercheurs en een inspecteur. Het gedrang was nu zoo geweldig, dat de rookende jonge dame verzocht werd mee naar het politiebureau te gaan.' Daar oordeelt men dat zij 'vermoedelijk niet goed bij haar zinnen was'.

In de Verenigde Staten is het niet veel anders, ook daar kunnen rokende vrouwen en meisjes in de praktijk rekenen op maatschappelijke verontwaardiging. In het zo modern geachte New York wordt een dame in 1904 tot dertig dagen celstraf veroordeeld wegens roken in het openbaar. Vanaf 1908 kunnen restaurants en andere openbare gelegenheden hun vergunningen verliezen als ze vrouwen toestaan te roken. Op Amerikaanse hogescholen worden rokende studentes begin jaren twintig nog gestraft. Wie op de campus wordt betrapt met een brandende sigaret, kan rekenen op huisarrest. Maar de meiden roken stevig door, desnoods bij het hek van de campusingang.

In Engeland is men net zo gekant tegen rokende vrouwen. In een ingezonden brief in de *Daily Mail* in 1906 geeft een lezer de heersende moraal weer: 'Vrouwen die roken zijn onverantwoordelijk en geven nergens om. Ze verwaarlozen hun huis, hun gezinnen en hun sociale verplichtingen; ze luisteren niet naar God en ridiculiseren de autoriteit van hun man.'

Er zijn verschillende verklaringen aan te voeren voor het verzet van mannen tegen het roken door vrouwen. 'Vrouwen behoren op geen enkele wijze in het openbaar te kennen te geven dat ook zij zingenot zoeken,' aldus kunstcriticus Rogier Ormeling, die in het boek *Rookgordijnen* 'de liefde tussen tabak en kunst' beschrijft. 'Waar rook is, is vuur en door te roken maakt een vrouw haar innerlijk vuur zichtbaar. Aan het mannelijk taboe op roken door vrouwen ligt de angst van de man voor het zelfstandig erotisch

Lola Montez, 'de meest schandalige vrouw
van haar tijd', op een van de vroegst bekende
foto's (1851) met sigaret.

bestaan van de vrouw ten grondslag.'

Misschien worden er daarom ook allerlei drogredenen aange-
voerd waarom vrouwen niet zouden moeten roken. Het constante
bewegen van de lippen leidt ertoe dat dames een snor krijgen,
waarschuwt een Engelse religieuze club aan het eind van de negentiende eeuw.

Veel helpt deze waarschuwing niet, want de sigaret heeft vanaf
het begin 'glamourwerking en emancipatoire zeggingskracht',
schrijft Wim van Sinderen, die in *Rookgordijnen* het roken in de
fotografie beschrijft. Dat is te danken aan de bekende clichés die
horen bij de sigaret: het staat stoer, zelfverzekerd, vrijgevochten,
ontspannen en creatief. 'Rokende vrouwen gaven bovendien nog
een ander signaal met hun sigaret: het wellustig eraan trekken zou
een onderliggende erotische behoefte impliceren. Hoeren rookten,
maar paradoxaal genoeg ook intellectuele vrouwen, zoals George
Sand, Marlene Dietrich, Frida Kahlo, Germaine Krull en Annie
M.G. Schmidt,' schrijft Van Sinderen. 'Zij stelden zich gelijk aan
mannen en lieten zich per se met een sigaret fotograferen.'

Dat de sigaret al vanaf het prille begin zoveel zeggingskracht
heeft, blijkt wel uit het feit dat op een van de vroegst bekende foto's,
een daguerreotypie uit 1851, de Ierse danseres Lola Montez een
sigaret in haar hand heeft. Het is belangrijk om te weten dat deze
Montez door de pers werd omschreven als 'de meest schandalige
vrouw van haar tijd'. Ze onderhield geheime liefdesrelaties met
de groten der aarde van die tijd, zoals Lodewijk I van Beieren,
Franz Liszt en Alexandre Dumas. Montez stond bekend om haar
temperamentvolle en soevereine karakter; dat zij in het openbaar
met een sigaret verschijnt, draagt in belangrijke mate bij aan dat
imago, net als het zweepje en de jachthonden waarmee ze de straat
op gaat.

Naarmate de negentiende eeuw vordert, groeit het verzet tegen
het taboe op het roken. Als een Engelse arts in 1897 ziet dat een
van de verpleegsters nicotinevlekken op haar hand heeft en haar
voortaan wordt verboden te roken, pikken zij en haar collega's dat
niet. Ze organiseren een protestbijeenkomst in Hyde Park, waarbij
ze massaal sigaretten opsteken. Engelse suffragettes gebruiken

de populariteit van het roken door sigarettenpakjes te bedrukken met de tekst: *Stemrecht voor vrouwen.*

In de loop van de twintigste eeuw doen steeds meer moderne vrouwen wat mannen ook doen: ze gaan naar de bioscoop, rijden op de fiets of motor en zijn politiek actief. En ze roken. In Parijs, Brussel en Berlijn steken vrouwen op tal van plekken in het openbaar op. De Duitsland-correspondent van het *Algemeen Handelsblad* schrijft in 1905 dat men 's avonds bijna geen deftige 'Kaffee's' en restaurants treft zonder rokende dames. Deze dames eisen zelfs rookcoupés voor hun eigen geslacht. In die dagen kennen de meeste West-Europese treinen namelijk drie compartimenten: voor rokers, niet-rokers en dames. Duitse dames nemen nu maar hun intrek in de rookcoupés voor mannen. De *Handelsblad*-correspondent is zo gelukkig daarvan getuige te zijn, hij neemt als niet-roker plaats in een coupé tussen vijf jonge dames 'die dampten als schoorsteenen'. Voor één keer zijn de rollen omgedraaid: 'Toen ik te midden van dit merkwaardige en zeer fideele vijftal had plaats genomen en men het in de gaten kreeg dat ik het eenige niet rookende mannelijke wezen was in het compartiment, wendde een der grappenmaaksters zich met volmaakt uitgestreken gezicht tot me met de vraag, of mij het rooken soms geneerde, in dat geval zou men er gaarne mee ophouden. Wel zelden zal in een spoorwegcoupé zo'n homerisch gelach zijn uitgebarsten als na deze goddelijke vraag.'

In Engeland is menig damesclub voorzien van *smoking rooms*. Wel moet worden opgemerkt dat roken in publieke ruimtes, zoals in restaurants, zich beperkt tot de hippere Londense wijken, zoals Chelsea en Soho. Een populair huwelijksgeschenk in de hoogste klassen is het luxe sigarettendoosje, met goud en kostbare stenen ingelegd en met de initialen van de aanstaande echtgenote erin gegraveerd. Aan de chatelaine van deze dames – een sleutelhanger annex sieraad – hangt standaard een gouden lucifersdoosje, naast het potlood en poederdoosje, schrijft de Nederlandse societywatcher van het *Rotterdamsch Nieuwsblad*. In de hippe Londense Bond Street specialiseren sigarettenwinkels zich in (dure) Turkse en Egyptische sigaretten, speciaal voor dames gefabriceerd. Populaire merken zijn Two Roses, Pour La Dame en Young Ladies.

Behalve in de restaurants waar de elite samenkomt, roken Engelse vrouwen echter nog in het diepste geheim. 'Ik herinner me dat moeder vóór de oorlog van 1914 de gordijnen en de deur sloot om een sigaret met een gouden filter te roken,' herinnert een briefschrijver zich in het tijdschrift *Man and His Cigarette*. 'Daarna zette ze de ramen en de deur open om de rooklucht te verdrijven. Ze droeg hierbij een groene zijden kimono zodat de lucht niet in haar kleding ging zitten.'

'Aan het mannelijk taboe op roken door vrouwen ligtde angst van de man voor het zelfstandig erotisch bestaan van de vrouw ten grondslag.'

In Nederland wordt met verbazing kennisgenomen van de rookgewoonten van de Engelse en Amerikaanse dames. *Algemeen Handelsblad* schrijft, 'hoe jammer het ook zij', dat het niet te loochenen is dat dames zich aan het meer uitsluitend voor de heeren der schepping bestemde rookgenot gaan overgeven. In andere artikelen, met titels als 'Mogen vrouwen roken?', wordt vastgesteld dat zij dikwijls elegante 'rookapparaten' bij zich hebben, als een deel van hun toilet. Maar niet gewanhoopt, schrijft een

Amerika-correspondent: 'Het feit, dat het rooken der dames voor de meesten een modekwestie schijnt te zijn, doet hopen, dat ook deze overdrijving nog wel eens zal ophouden.'

Nederland staat dan ook ver af van het mondaine Brussel, Londen of Parijs. Terwijl mannen in vergelijking met de rest van Europa aardig meedoen als het gaat om tabaksconsumptie – en dan moet aan het begin van de twintigste eeuw nog vooral aan de pijp en sigaar worden gedacht – geldt dat niet voor de vrouw. Roken wordt gezien als een onvrouwelijke liefhebberij. In Nederlandse cafés en restaurants worden vrouwen vaak zonder pardon de deur uit gezet als ze er roken. Omstanders zijn ook niet te beroerd om in te grijpen. Als een groep dames – een theatergezelschap – in 1911 met de nachttrein naar Rotterdam reist en de niet-rokencoupé blauw zet, loopt het zelfs helemaal uit de hand, zo blijkt uit een politiebericht. Een reiziger wordt zó kwaad dat hij een van de rokende dames een stomp geeft. Iemand trekt aan de noodrem, er komt medische hulp aan te pas en eenmaal op het eindpunt aangekomen staat de politie klaar. De hele groep – de onruststokende dames én de vrouwenmepper – mag mee naar het bureau.

Dat de dames uit het variétégezelschap zo graag roken, is natuurlijk een teken aan de wand. De NRC stelt in 1913 vast dat er ook onder de chique dames die aanwezig zijn op een bijeenkomst van de Interparlementaire Unie – een nieuwe internationale samenwerkingsorganisatie – in hotel De Twee Steden in Den Haag volop wordt gerookt.

Maar in conservatieve kringen zijn rokende vrouwen nog absoluut taboe, zelfs roken in de nabijheid van vrouwen wordt nog als onbetamelijk ervaren. Zo schrijft Anthonia Margaretha in *Vormen en manieren. De eischen der Wellevendheid toegelicht voor onze Christelijke Kringen* dat op 'feestelijke vergaderingen soms een jammerlijken indruk op daar aanwezige dames uit beschaafde en hoogere kringen wordt gemaakt', als het rookverbod niet gehandhaafd wordt. 'Sommigen onder hen verlaten in de pauze de zaal met hoofdpijn en met prikkende oogleden, en met 't stellige voornemen, zich in een dergelijken kring van ongemanierde christenen nooit meer te laten vinden.'

'De sigaret hoort eigenlijk niet bij ons volkskarakter. Hij hoort in de zwoele zuidelijke atmosfeer bij tropische plantengeur, bij luchtige gesprekken en vluchtige *flirtations*,' schrijft *De Nieuwe Courant* in een commentaar in 1910.

En al is er sprake van *flirtations*, dan nog past een sigaret niet. Een anonieme briefschrijver in het *Nieuwsblad van het Noorden* beschrijft wat hij op een mooie lenteavond met eigen ogen – en tot zijn afschuw – heeft gezien: 'In een bosje, op een bank, zat een paartje innig omstrengeld te fluisteren. Dat komt meer voor in dezen tijd; maar wat ik nog nooit gezien had: beiden rookten een sigaret! Tusschen twee kussen en lieve woordjes in werd er even vlug een haaltje gedaan om te zorgen dat het ding niet uitging! Het was werkelijk afschuwelijk onsmakelijk om aan te zien.'

Bovendien, zo schrijft een Nederlandse commentator in 1920: 'Vrouwen kunnen geen maat houden, in deze overspannen tijd. Op die manier blijft een cigaret niet, wat ze zou moeten zijn: kalmeerster na een vermoeiende dag.'

In een artikel in *Het Vaderland* in datzelfde jaar haalt de auteur met verbittering de herinnering op aan de tijd dat een man het niet in zijn hoofd haalde om te roken in de nabijheid van een vrouw. En nu? Ze sporten en ze roken! 'Meer en meer kan men ze tegenwoordig in het openbaar waarnemen, de jonge dames met de sigaret in den mond of met een nonchalanten blik aanziend om toch vooral maar den indruk te vestigen, dat 't niets bijzonders voor haar is. Vroeger, ze weten het, deden zulks alleen in het openbaar die vrouwen, die ze zelf verachten, doch wier allures ze graag overnemen.' De schrijver weet wel hoe het komt: door 'de veranderde maatschappelijke toestanden' komen meisjes en jongens veel meer dan vroeger met elkaar in aanraking via studie, werk en ontspanning. 'Hieraan is niets te veranderen, doch daarom moeten onze ouders hare dochters ervan doordringen, dat de wereldsche man heel graag met zulke geëmancipeerde dames schertst, zich amuseert en flirt, doch dat hij als vrouw en moeder van zijn kinderen toch veel meer de vrouwelijke vrouw waardeert.'

PAS DE TABAC, PAS DE SOLDAT

De Grote Oorlog emancipeert de sigaret

Sigaretten worden lange tijd gezien als de minderwaardige en schadelijker variant van de sigaar en pijp, en er is een mondiale oorlog voor nodig om de publieke opinie te doen omslaan. In de Eerste Wereldoorlog worden soldaten blootgesteld aan chemische wapens, ze dienen als kanonnenvoer in een zinloze strijd, op akkers die aandoen als een levende hel. De waanzin van deze oorlog doet de morele bezwaren tegen de sigaret vervagen. Wie durft Jan Soldaat onder deze omstandigheden zijn rookgenot te ontzeggen? Wat stellen de vermeende gezondheidsrisico's nog voor als de soldaten de hele dag worden blootgesteld aan kruitdampen en zelfs gas?

Tabak behoort dan ook tot de standaarduitrusting van de Europese soldaten en vooral de snelle sigaret is populair in deze snelle oorlog. Het Rode Kruis voorziet de Oostenrijks-Hongaarse legers van een tabaksrantsoen. De Duitse soldaat heeft dagelijks recht op twee sigaren en twee sigaretten, of een afgepaste hoeveelheid pijp- of snuiftabak. Aan het front staan de verschillende typen rokers zij aan zij, en onder die omstandigheden vervagen de vooroordelen tegen de vermeend onmannelijke sigaret.

Samen opsteken vóórdat de strijd op het slagveld weer losbarst, wordt wel omschreven als een menselijk, beschaafd gebaar, voordat het onmenselijke begint: 'A shared smoke was a way of connecting in a disconnected world.' Roker Erich Maria Remarque, auteur van de bestseller *Im Westen nichts Neues*, zei ooit: 'Roken is misschien een laatste teken van civilisatie, als de oorlog de sporen van een humane opvoeding heeft uitgewist.'

De sigaret fungeert als finale troost. Op getorpedeerde oorlogsschepen gebeurt hetzelfde als twee jaar eerder op de zinkende Titanic: degenen die niet in een reddingssloep passen, krijgen op het dek sigaretten uitgereikt. Eén peuk, daar was meestal nog wel tijd voor, voordat ze in het ijskoude water de dood vonden. Een jongetje van destijds zes jaar, Meier Moor, die de scheepsramp overleeft, herinnerde zich dat hij kort voor de ondergang van het schip op het dek heen en weer liep. Hij vroeg volwassenen om de kaartjes met cowboys en indianen die in hun pakjes sigaretten zaten. Het waren vooral de arme sloebers aan boord die niet mee mochten in de reddingsboten die rokend de ondergang tegemoet gingen. Maar ook een van de rijkste mannen aan boord, John Astor – telg uit het beroemde geslacht van ondernemers en politici – werd voor het laatst gezien met een sigaret in zijn mond, hangend over de reling, turend over de zee.

Duitse en Britse soldaten delen sigaretten
tijdens de kerstbestanden in 1914.

Tijdens de beroemde kerstbestanden, zoals in 1914, is het uitwisselen van sigaretten een belangrijk onderdeel van de verbroedering tussen de soldaten van beide fronten. Een Duitse soldaat schrijft vanuit de loopgraven een brief, die in de *Vossische Zeitung*, een Berlijnse krant met gezag, wordt gepubliceerd: 'Heden, de 25e, werd plotseling door de vijand "Hoera!" geschreeuwd. Wij vonden dat merkwaardig, kwamen uit onze muizenvallen en zie: de Engelsen kwamen naar ons toe, zwaaiden met witte sigarettendoosjes en doeken. Geweren hadden zij niet bij zich. Het kon dus slechts als een gelukwens bedoeld zijn. En inderdaad, het was zo. We kwamen elkaar halverwege tegemoet, we liggen slechts tweehonderd meter van elkaar. En nu vond in aanwezigheid van de wederzijdse officieren de begroeting plaats. We ruilden sigaretten, sigaren en andere dingen. We maakten zelfs foto's van elkaar, tot mijn spijt had ik mijn toestel niet meegebracht. Daarop begonnen de Engelsen te spelen met een voetbal die zij hadden meegenomen. Na het invallen van de duisternis, trokken beiden zich in hun "salons" terug met de belofte, elkaar tijdens de feestdagen niet te beschieten.' Na dit zeldzame, ontroerende moment van verbroedering meldt *De Telegraaf* na de jaarwisseling dat bij Duitse legerorder van 29 december voortaan 'iedere vriendschappelijke toenadering tot vijandelijke loopgraven is verboden'.

Onder soldaten die in hun loopgraven zijn teruggekeerd heerst de vaste overtuiging dat een vuurtje niet door drie man gedeeld kan worden. Dit bijgeloof is ontstaan in de Boerenoorlog. In de nachtelijke uren verraadt de soldaat zijn aanwezigheid door een lucifer op te steken, zo gaat de mythe. De vijand pakt zijn geweer, stelt scherp bij de tweede roker en vuurt op de derde. Scherpschutters in de Europese loopgraven beheersen deze dodelijke tactiek ook, vertelt men elkaar: 'De vijand blaast het kleine lichtje en het levenslicht van de roker uit.' Later ontstaat het geloof dat als de derde roker niet direct wordt gedood, het noodlot hem kort daarna op het slagveld zal treffen. Tot op de dag van vandaag zijn er mensen die als derde in rij een vuurtje weigeren.

In 'loopgravenkranten', lectuur voor mannen aan het front, beschrijven soldaten hun lof der tabak. Ook in dagboeken en brieven melden soldaten hoe belangrijk tabak voor ze is. *Pas de tabac, pas de soldat*, luidt het credo van de Fransen. Zij zijn wellicht de fanatiekste rokers aan de verschillende fronten, maar dat wil niet zegen dat aan de andere zijde van het front weinig wordt gepaft. Duitsers gebruiken tabak al in 1915 als betaalmiddel. En dan de Russische voetsoldaten, die volgens verslaggevers 'weinig ontwikkeld zijn', meer alcohol drinken dan goed voor ze is en al gelukkig zijn als ze een sigaret kunnen rollen van wat slechte tabak en een afgescheurd stuk krant. 'Maar als soldaten zijn zij dapper en volhardend.'

Sigaretten worden alom geroemd om hun rustgevende en hongerstillende effect. Wie nog niet rookt, leert het aan het front. 'Juist aan het front,' schrijft een Duitse arts, 'waar geen geregelde maaltijden kunnen plaatsvinden, neemt iedereen graag zijn toevlucht tot een middel, dat niet alleen opwekt, maar ook iets is voor smaak-, reuk- en gezichtszenuwen en kalmeerend daarop inwerkt. Zoo is menig niet-rooker een hartstochtelijk rooker geworden.'

Dus als een soldaat in vrijheid kan ademen, dan rookt hij. Een Nederlandse correspondent aan het front beschrijft hoe de medische hulpmiddelen steeds beter worden en de chirurgische vaardigheid, als gevolg van de ontelbare vingeroefeningen op zwaargewonde soldaten, snel toeneemt. Zo zag hij een soldaat die een stuk shrapnel – een soort clusterbom *avant la lettre* – in de borst had gekregen, dat in de achterzijde van het hart was gedrongen. De arts had de borstkas geopend en uit het kloppende hart dat hij in de hand hield, op het gevoel af met de vingers de scherf verwijderd, 'gelukkig zonder een ernstige bloedstorting in de borstholte te veroorzaken'. Het nieuwe verdovende middel waarvan gebruik was gemaakt was volgens de correspondent zó goed, dat de patiënt twee uur lang onder narcose kon blijven, 'en een kwartier nadat hij weder tot bewustzijn is gekomen, een cigaret kan rooken'.

Nederland is in de Grote Oorlog neutraal, maar langs de weg van de sigaret weet één Hollander toch zeer veel invloed uit te oefenen. De tekenaar Louis Raemaekers maakt over de grenzen naam als politiek tekenaar voor *De Telegraaf*. Hij kiest onomwonden stelling tegen de Duitsers als hij van Belgische vluchtelingen hoort over Duitse gruweldaden in de eerste maanden van de oorlog. De Duitsers eisen (tevergeefs) van de Nederlandse regering dat zij Raemaekers een halt toeroepen en zetten uiteindelijk zelfs een prijs van twaalfduizend mark op zijn hoofd. Zijn werk wordt intussen tentoongesteld in Frankrijk en Engeland, en Raemaekers wordt door een geheim Brits propagandabureau, Wellington House, ingehuurd om pamfletten te tekenen. Deze worden gebundeld als de *Raemaekers Cartoons* en meegegeven aan soldaten die naar het front vertrekken. Op de prenten is bijvoorbeeld te zien hoe de Duitsers bij hun opmars vrouwen en kinderen als levend schild gebruiken. Deze pamfletten worden vervolgens in miljoenen exemplaren herdrukt en overal ter wereld verspreid.

Het mooiste moet echter nog komen: sigarettenfabrikant Black Cat besluit 140 van Raemaekers' prenten op zijn pakjes af te drukken. Geschat bereik: vijftig miljoen soldaten. Op de plaatjes wordt de Duitser (en dan bij voorkeur de Keizer zelf) vaak voorgesteld als een barbaar met punthelm of als slager met bloed aan zijn handen. 'Men moet zich de gevolgen van zulk eene propaganda helder voorstellen,' schrijft de *Kölnische Volkszeitung* verontwaardigd. 'Vijftig millioen paar oogen zien den keizer en het Rijk met Raemaekers oogen. Engeland, Engeland, wat zijt gij diep gezonken in uw Duitschershaat [...] Hier kan nog slechts één ding helpen: ons goede blanke zwaard en heilige Teutonen-toorn.'

Dat de tekeningen van Raemaekers mede dankzij de miljoenen pakjes sigaretten veel impact hadden, blijkt wel uit de necrologie die *The New York Times* in 1956 over hem publiceerde: 'Men zegt wel dat Louis Raemaekers de enige privépersoon was, die een waarlijke en grote invloed heeft uitgeoefend op het verloop van de Eerste Wereldoorlog. Er waren een stuk of tien mensen – keizers, koningen, staatslieden en legerleiders – die ontegenzeglijk het beleid vormden en de leiding hadden. Maar buiten die cirkel van grootheden, was Louis Raemaekers de enige man die, zonder titel of status – en zonder enige twijfel – het lot van de volkeren heeft bepaald.'

De Amerikanen mengen zich pas in 1917 in de strijd op het continent. Sigarettenfabrikanten in de Verenigde Staten begeven zich op een ander strijdtoneel, er is een hevige advertentieoorlog gaande. De ontbinding in 1911 van het sigarettenconglomeraat van pionier en innovator Buck Duke op grond van antikartelwetgeving, heeft de promotieactiviteiten opgejaagd van de merken die weer op eigen benen komen te staan. Terwijl de verkoop van pijptabak en sigaren afneemt, wordt in 1913 al dertien miljoen dollar gespendeerd aan sigarettenadvertenties. In 1913 komt de Camel op de markt, een sigaret die eerder onder de naam Red Kamel flopte. Directeur R.J.

Reynolds, de aartsrivaal van Buck Duke, gelooft in deze *blended* sigaret, waaraan een vleugje Turkse tabak is toegevoegd en daardoor geassocieerd wordt met luxere en duurdere sigaretten. Tot dan toe worden sigaretten altijd verkocht in pakjes van tien stuks, Camel is uitsluitend verkrijgbaar in een doosje van twintig. Een noviteit die aanslaat en die wereldwijd navolging krijgt. Zoek niet naar voordeeltjes of coupons in dit pakje, zo 'waarschuwt' de fabrikant de koper, 'as the cost of tobacco blended in Camel Cigarettes prohibits the use of them'.

Reynolds investeert fors in het promoten van de Camel; op reclameborden, affiches en in advertenties wordt de komst van de nieuwe sigaret aangekondigd. Zo wordt in 1914 in kranten dagenlang geadverteerd met de tekst: 'The Camels are coming.' In een tweede serie advertenties staat: 'Tomorrow there'll be more in this town than all of Asia and Africa combined.' In de derde serie staat eenvoudigweg: 'Camel Cigarettes are here.' Met deze vernieuwende 'teasercampagne', met het creëren én inlossen van hooggespannen verwachtingen, introduceert Reynolds een techniek die in de reclamewereld gemeengoed zal worden.

'The Camels are coming' wordt zelfs een gevleugelde uitdrukking en *Old Joe*, de 'kameel' op het pakje sigaretten (het is eigenlijk een dromedaris), is honderd jaar later *still going strong*. 'The Camels are coming' is in 1917 een populaire leus om de komst van Amerikaanse troepen aan het Europese front aan te kondigen, schrijft Iain Gately in zijn boek *Tobacco*. Een andere reclameslogan, I'd walk a mile for a Camel, is ook ontstaan in de loopgravenoorlog.

De Engelsen zijn tijdens de Eerste Wereldoorlog hun eigen merken trouw. Woodbine is het populairst; het is een van de oudste merken van het land en heeft het grootste marktaandeel. De groeiende populariteit van dit merk tijdens de oorlog betekent indirect ook de ondergang ervan. Het is bij uitstek de sigaret van Jan Soldaat (*Tommy's favourite fag*) en de arbeidersklasse. Woodbines zijn ook lange tijd – tot in de jaren zeventig – als enige verkrijgbaar in een pakje van vijf stuks, speciaal voor degenen met een erg smalle beurs. Na de Tweede Wereldoorlog is de associatie arme sloeber-Woodbine zo sterk, dat het merk bij de massa uit de gratie raakt.

De Europese soldaten kijken vol verbazing naar de entree van de luidruchtige yankees, die vol bravoure zijn en over een ruim arsenaal aan scheldwoorden beschikken. En dan hun gezoete sigaretten: heel wat anders dan ze zelf gewend zijn. De gratis *tabac de troupe* waar de Fransen het mee moeten doen, is een grof gesneden 'caporal' tabak, die eigenlijk meer geschikt is voor de pijp dan om er een sigaret van te maken. De Fransen houden best van hun Gauloises, zoals 's lands huismerk heet, maar gelukkig stuurt het thuisfront de *poilus* aan het front soms betere sigaretten, Egyptische of Turkse.

In Frankrijk is tabak al sinds het begin van de twintigste eeuw vast onderdeel van de rantsoenen, maar in de Verenigde Staten wordt nog volop gediscussieerd over het al dan niet toelaten van tabak. Sigaretten horen niet bij een gezond en krachtig leger, vinden velen. Maar veel soldaten weten wel beter. 'I tell you, those dreamsticks help you to pass away many a dreary and homesick hour,' mijmert een jonge marinier. De Amerikaanse generaal Pershing verwoordt de behoefte van zijn mannen in 1917 met een nog krachtiger statement: 'You ask me what we need to win this war. I answer: tobacco, as much as bullets.' Tabak is net zo onmisbaar als het dagelijks rantsoen, voegt hij eraan toe. 'We hebben er tonnen van nodig, en wel meteen.'

Volgens een schatting van het ministerie van Oorlog gebruikt vijfennegentig procent van de Amerikaanse soldaten tabak. Toch behoort tabak nog niet tot het soldatenrantsoen, zodat vrijwilligersorganisaties de distributie op zich nemen. De christelijke YMCA, voorheen gekend tegenstander van de sigaret, is een van die partijen. Ze verrichten zeer nuttig werk, zo schrijft een oorlogscorrespondent, door de mannen aan het front niet alleen van chocolade maar toch ook van sigaretten te voorzien. 'Want welk een marteling moet het zijn, wanneer men beseft, dat alle sigaretten op zijn en dat er voorloopig geen kans zal zijn, de geschokte, barnende, daverende, gillende zenuwen 'n oogenblik het soulaas te geven, dat alleen een sigaret kan brengen.'

Er worden in de VS collectes gehouden om sigaretten in te kopen, en iedereen die meedoet toont daarmee zijn vaderlandsliefde en solidariteit met de mannen aan het front. Het National Cigarette Service Committee wordt opgericht, een club die ervoor zorgt dat mannen die niet kunnen rekenen op een thuisfront, toch kunnen roken. In mei 1918, een klein halfjaar voor het einde van de oorlog, besluit de regering de tabaksvoorziening te garanderen: iedere soldaat krijgt voortaan ten minste vier sigaretten per dag. Daartoe wordt de complete voorraad van fabrikant Bull Durham overgenomen. Dat is nodig, want de oorlog veroorzaakt schaarste: tabaksoogsten worden door de oorlog vernietigd, evenals de scheepstransporten. Soldaten krijgen voorrang, en voor wie zeker wil zijn van zijn dosis nicotine heeft *The Times* een advies: neem vrijwillig dienst. Fabrikant Durham viert zijn nieuwe status als 's lands huismerk voor soldaten met een nieuwe slogan: 'When our boys light up, the Huns will light out.'

Ook vanuit Frankrijk doet het thuisfront zijn best om het leed van de frontsoldaten te verzachten. Maar soms slaat men de plank volledig mis, zo blijkt uit het verslag van een ooggetuige, die ziet 'hoe vooral dames blijk kunnen geven van de beste bedoelingen en van een totale onbekendheid met de wezenlijke behoeften van den troupier te velde.' Een groep soldaten ontving een nogal grote doos, die natuurlijk met nieuwsgierigheid werd bekeken; wat zou eruit tevoorschijn komen? 'Misschien chocolade of suikerwerk om op te knabbelen gedurende die vervelende uren in de loopgraven?' De doos werd geopend en bevatte tandenborstels en chemisch gezuiverd mondwater. Met gebruiksaanwijzing, dat wel. 'De brave dame die met prijselijke zorg voor properheid en hygiëne dat alles in gereedheid had gebracht, zou beter hebben gedaan lekkers te zenden, zooals de soldaten verwachtten, of liever nog, tabak. Dat is wat de troupier vóór alles wenscht. 'Zend mij toch in 's hemelsnaam tabak en sigarettenpapier,' schreef een jonge soldaat aan zijn tante.

Aan het front gaan er ettelijke kilo's tabak doorheen. Dit, in combinatie met vernietigde oogsten, getorpedeerde boten en wegtrekkende planters, zorgt ervoor dat tabak, en dan vooral sigaretten, schaars goed worden. De soldaten die terugkeren nemen hun stevige rookgewoontes mee naar huis. In Frankrijk staan voor de *bureaux de Tabac* ellenlange rijen. Soms is het urenlange wachten

Politieke prenten bij een pakje Black Cat,
van de Nederlander Louis Raemaekers.

tevergeefs, en wordt het bordje Plus rien a fumer opgehangen.'

Nu de sigaret definitief doorbreekt bij Jan Modaal en Jan Soldaat, passen sigarettenfabrikanten ook de afbeeldingen op de pakjes aan. Vaak werden de groten der aarde afgebeeld als roker: koningen en hoge militairen. Maar nu siert de Tommy, de rokende soldaat, vaak de pakjes.

De Eerste Wereldoorlog luidt het begin in van de definitieve en onstuitbare opmars van de sigaret, vooral onder jongeren. Voor de jongens geldt: wie niet rookt is het sukkeltje van de groep. En voor veel meisjes is het roken van sigaretten dé manier om te laten zien dat je hip en modern bent.

Rokende jongens en meiden; menig conservatief ziet het hoofdschuddend aan. Zo beklaagt Charles Pease, lid van de New Yorkse Liga tegen tabaksmisbruik, zich in 1920 bij de redactie van het Franse *Le Figaro* over het standbeeld van François Coppée. Deze overleden dichter was een stevige roker, en is daarom afgebeeld met een sigaret tussen zijn vingers. Dat beeld zet de jeugd aan tot roken, klaagt Pease. De Fransen lachen hem in zijn gezicht uit en de krant schrijft: 'Als dan de Franse jeugd iets van de goede eigenschappen van den beminden dichter in zich opneemt, laat hen dan op den koop toe ook maar eens een sigaret opsteken.'

Het verzet van de Amerikaanse antirokers die zich bemoeien met de rookgewoonten op het Europese vasteland, past bij een beweging die na de Eerste Wereldoorlog op gang is gekomen. Conservatieve krachten aan de andere kant van de Atlantische Oceaan streven naar een ethisch reveil, een herstel van de oude normen en waarden. Een succesvolle aanzet daartoe is de inwerkingtreding van het achttiende amendement op de grondwet: een totaalverbod (*prohibition*) op productie, verkoop en transport van alcohol. De fanatieke evangelist Billy Sunday, een van de initiatiefnemers van de drooglegging en tegenstander van amusement als dansen, kaarten en theaterbezoek, roept: 'Prohibition is won, now for tobacco.' Zijn pleidooi lijkt niet geheel kansloos: in 1922 is de verkoop van en reclame voor sigaretten in zestien Amerikaanse staten aan banden gelegd.

71

Daarbij komt het verzet van een aantal prominente industri-elen, onder wie Henry Ford en John Harvey Kellogg, die zich voor de oorlog ook al verzetten tegen de sigaret, 'the little white slaver'. Zij hebben met afgrijzen vastgesteld dat de strijd op het Europese vasteland als een katalysator voor de sigaret heeft gewerkt. In 1918 richten ze een deftige studieclub op, het Committee to Study the Tobacco Problem. Geleerd van fouten uit het verleden slaan ze geen moralistische, drammerige toon aan, maar proberen ze op nuchtere, wetenschappelijke wijze de schadelijke kanten van het roken onder de aandacht te brengen.

Het rookverbod in zestien Amerikaanse staten en het goed onderbouwde tegengeluid van de industriële elite halen weinig uit. De wettelijke restricties blijken in de praktijk amper uitvoerbaar: de mensen roken toch. En de inspanningen van de antitabakbeweging blijken een anachronisme, stuiptrekkingen van de aanhangers van oude waarden uit een vervlogen tijdperk, niet passend in een wereld waarin het draait om massaproductie en massaconsumptie. Een levensgrote afbeelding van de Kerstman op billboards, met een brandende sigaret in zijn mond, dát tekent het Amerika van de jaren twintig.

WOMEN! LIGHT ANOTHER TORCH OF FREEDOM!

'De tijden zijn rijp, dat vrouwen mannen-dwaasheden mogen begaan'

Tijdens de Eerste Wereldoorlog hebben honderdduizenden vrouwen in Groot-Brittannië het huishouden achter zich gelaten om aan het werk te gaan in munitiefabrieken. Maar ze namen ook de kantoorbanen van hun afwezige mannen over. Ze verdienden hun eigen geld en gingen uit. Op straat vormden ze een duidelijk herkenbare, luidruchtige groep, zo schrijft Gail Braybon in het boek *Women Workers in the First World War*. 'Jonge vrouwen genoten van hun financiële onafhankelijkheid en controle over hun eigen leven,' aldus Braybon. De nieuwe zelfstandigheid bevalt goed, het verdiende geld wordt deels omgezet in sigarettenrook. En het is geen tijdelijke switch. Van de pakweg half miljoen vrouwen die aan het werk gingen, neemt na de oorlog slechts een kwart haar oude taak als huisvrouw weer op.

Ook komt na de Eerste Wereldoorlog in Groot-Brittannië een nieuwe uitgaanscultuur tot stand: meer dan tienduizend danstenten openen hun deuren. Wie het zich kan veroorloven gooit de oorlogsellende van zich af en stort zich in het nachtleven. De *jazz age* breekt aan, er worden feesten georganiseerd waar je cocktails drinkt en danst op wilde muziek. Meiden van goede komaf zijn van de partij, gaan gekleed volgens de nieuwste mode. Ze zijn jongensachtig slank en knippen hun haar af. Deze *flappers* of *garçonnes* gedragen zich onafhankelijk, gaan zonder man op stap, en paffen erop los. Ze roken hun sigaret in een lange dunne houder, wat mooi aftekent bij hun slanke figuur. De filterpijpjes hebben uiteraard dezelfde kleur als de avondjurk. De sigaret blijkt een ideaal middel om contact te leggen met de andere sekse.

Hoe de moraal veranderd is, blijkt uit een anekdote van twee studentes die in de jaren twintig geënquêteerd worden over hun rookgedrag. Ze waren naar een café gegaan om daar ostentatief een sigaret op te steken. Ze wachtten de protesten af, maar er kwam niets; elke reactie van hun medebezoekers bleef uit.

Dat het maatschappelijk taboe op roken door vrouwen na de oorlog minder wordt, is goed nieuws voor tabaksfabrikanten, die hard werken om hun marktaandeel te vergroten. De vraag hoe het grote publiek het beste bereikt kan worden, wordt in de Verenigde Staten op een serieuze, wetenschappelijke manier benaderd. Nog altijd, schrijft de Amerika-correspondent van de *Haagsche Post* in 1922, is dit het land van onbegrensde mogelijkheden, 'Waar het grootst mogelijke getal varkens in den kleinst mogelijken tijd wordt omgezet in hammen en worst; waar een Ford-car in elkaar wordt gegooid in minder tijd dan in het achterlijke Europa een kruiwagen.'

Flappers gedragen zich onafhankelijk,
gaan zonder man op stap en paffen erop los.

Er vindt in de vs serieus marktonderzoek plaats; vertegenwoordigers bezoeken verkooppunten om tabaksverkopers te vragen naar het gedrag van hun klanten. Wat zijn de populaire merken, welke cadeautjes vinden kopers leuk, welke advertenties slaan aan? In Groot-Brittannië worden voor het eerst sociologische studies verricht naar rokers. 'Het breekt het ijs', 'het vergemakkelijkt het leggen van contact', laten de ondervraagden vaak noteren. In het anonieme grotestadsleven is dat wel prettig.

Fabrikanten willen de consumenten graag leren kennen, om ze te kunnen beïnvloeden. Zodat ze bijvoorbeeld niet langer grote pakken losse tabak kopen, maar pakjes sigaretten. Het veldwerk leert dat het niet zinvol is om voor een hele trits merken van één fabrikant tegelijk reclame te maken, maar dat het beter werkt om één merk eruit te lichten. En om zo'n merk onder de aandacht te brengen, is het niet nodig om de specifieke kwaliteiten te beschrijven, maar om het merk een bepaalde identiteit te geven. Zo kijken de heldere ogen van een inktzwarte kat de koper van een pakje Black Cat aan. Zo heeft de gebruiker van dit massaproduct toch de illusie dat hij een specifieke, persoonlijke keuze maakt. Het personaliseren van het merk is een trend die niet alleen bij sigarettenmerken te zien is. Zo introduceert Michelin Bibendum, bij ons bekend als het Michelinmannetje, en adverteert de Tielse jamfabriek De Betuwe met Flipje. De plaatjes en mascottes zeggen niets inhoudelijks over het merk, juist niet. Het gaat erom dat het product een gezicht krijgt, zonder specifieke betekenis, waarmee een zo groot mogelijk publiek wordt aangesproken. 'Gemak kreeg een karakter,' schrijft Matthew Hilton in *Smoking in British Popular Culture*.

Psychologie en verkooptechniek gaan bij deze nieuwe benadering van de rokersmarkt hand in hand. Dat is ook nodig: een massaproduct vraagt om een massapubliek. Bestaande rokers moeten worden overgehaald naar een ander merk over te stappen én er moeten nieuwe zieltjes worden gewonnen.

Het uitgangspunt van adverteerders was altijd om met de producten die ze aanprijzen in te spelen op de (sluimerende) behoeften van de consument. Behoeften waarop met consumentengoederen ingespeeld kan worden, variëren van de noodzaak om te eten en te drinken tot wensen en verlangens op het gebied van seksualiteit en schoonheid.

Een Amerikaanse verkoopanalist legt in het vakblad *Advertising and Selling* uit voor welke uitdaging sigarettenverkopers zich gesteld zien. 'Know your customer's needs' is een achterhaald adagium. Verkopers moeten de wensen van de potentiële klant niet kennen, maar zelf vormgeven en hem daarin opvoeden: 'Know what your customer *should* need and then educate him on those needs.' In de praktijk betekent dit dat vrouwen in advertenties worden opgevoed met het idee dat de sigaret een onlosmakelijk onderdeel is van *style* en *beauty*. 'Smoking for women,' zo schrijft Allan Brandt, 'became part and parcel of the good life as conceived by the American consumer culture.'

Deze theorie van het creëren van behoeften wordt optimaal in de praktijk gebracht door George Washington Hill, directeur van Lucky Strike, en zijn meesterlijke copywriter en marketinggenie Albert Lasker. Lasker is een grondlegger van het moderne adverteren en Hill is domweg bezeten van zijn eigen merk. Allan Brandt vertelt dat aan een koord in zijn Rolls-Royce pakjes Lucky Strike bungelen en dat het logo is gedrukt op de achterlichten van zijn bolide. De namen van zijn twee honden: Lucky en Strike.

Hill en Lasker stellen vast dat het taboe op het roken door vrouwen aan het verminderen is, en dat dit onontgonnen deel van de markt door Lucky veroverd moet worden. Ze willen vrouwen een argument in handen geven om te roken. Daarom huren ze prominenten in – actrices, zangeressen, sportsters – die hun voorkeur voor het merk Lucky Strike toelichten. Een van hen is de beroemde vliegenier Amelia Earhart, die als eerste vrouw de Atlantische Oceaan is overgestoken. Zij verklaart dat er tijdens haar overtocht 'continu' Lucky's gerookt werden en dat dit de vriendschap tussen de reizigers verstevigde. Haar verhaal wordt gevolgd door Lucky's nieuwe slogan: 'For a slender figure, reach for a Lucky instead of a sweet.'

Voor het eerst richt een sigarettenmerk zich rechtstreeks tot de vrouw, en door te refereren aan het moderne slankheidsideaal laat Lucky zien bij de tijd te zijn.

Met de 'Reach for Lucky'-campagne zoeken Lasker en Hill de grenzen op van wat op dat moment in reclameland betamelijk is. De snoepfabrikanten zijn woest en dreigen met schadeclaims. Hill vindt het prachtig: negatieve publiciteit is óók publiciteit. Tegenadvertenties door de snoepbranche vestigen alleen maar meer de aandacht op zijn eigen campagne.

Ook in Groot-Brittannië spelen adverteerders in op de toegenomen aandacht voor gezondheid en een goed figuur. Het merk Kensitas beeldt een vadsige golfspeler af, met onderkin en dikke buik. '*Trim! Fit! Active!*' Kensitas helpt voorkomen dat u zo'n figuur krijgt. Wanneer ze tussendoortjes aangeboden krijgen, zeggen rokers: '*No thanks, I'll smoke a Kensitas instead.*' Fabrikanten in het Verenigd Koninkrijk richten zich in advertenties nog lange tijd niet rechtstreeks tot vrouwen. Als er een vrouw wordt afgebeeld, dan speelt ze de rol van verleidster, bedoeld om mannen over te halen het merk te kopen. Pas eind jaren twintig, begin jaren dertig, wenden fabrikanten zich direct tot vrouwen. Ze beelden rokende dames af, die er sportief of glamoureus uitzien, die plezier maken en in ieder geval mooi zijn. De advertenties zijn te vinden in damestijdschriften als *Woman and Home* en *Good Housekeeping*.

1932: Roken en sport gaan uitstekend samen.

Natuurlijk willen andere fabrikanten, in navolging van Lucky Strike, ook een deel van de nieuwe markt veroveren. Het van oorsprong Britse Philip Morris herintroduceert in de Verenigde Staten het merk The Duke of Marlborough, onder de kortere naam Marlboro. Met de slogan 'Mild as May' richt het merk zich exclusief op de vrouw, en de sigaretten zijn voorzien van een soort vetafstotende filter, zodat ze niet aan de gestifte vrouwenmond blijven plakken.

Hill verzint eind jaren twintig iets nieuws om het gedrag van zijn – potentiële – klanten te sturen, in plaats van zich ernaar te schikken. Hij stelt vast dat vrouwen weliswaar meer roken, maar roken in het openbaar – op straat of in publieke gelegenheden – is vaak nog taboe. Zo wordt een dame, Edna Heych uit Brooklyn, beticht van 'slecht gedrag', wegens 'het wandelen in een broekrok en het gelijktijdig rooken van een sigaret'. Ze moet haar gedrag voor de rechter verdedigen. Het gerechtshof te Brooklyn spreekt haar echter vrij, 'oordeelende dat de tijden zoo rijp zijn, dat vrouwen mannen-dwaasheden mogen begaan'.

Maar onomstreden zijn rokende vrouwen allerminst en dat moet veranderen. Want dan kan de markt écht groeien: 'It will be like opening a new gold mine right in our front yard,' stelt Hill. Hij huurt de hulp in van Edward Bernays, een neef van Sigmund Freud. De jonge Bernays had tijdens de Eerste Wereldoorlog voor het Committee on Public Information (CPI) gewerkt, een propagandamachine die geen middel schuwde – ook geen leugens – om Amerikanen tot fanatieke patriotten te maken en Duitsers neer te zetten als barbaarse oorlogshitsers. Het CPI bracht films uit met titels als *The Beast of Berlin* of *To Hell With the Kaiser*. Beroemd is hun affiche met Uncle Sam, die jongemannen oproept ten strijde te trekken: *I want YOU for U.S. army*.

Bernays leert bij het CPI hoe je de massa kunt bespelen met behulp van de psychologie. Propaganda bedrijven wordt zijn specialiteit als hij zijn expertise in dienst van het bedrijfsleven stelt. Om een product te promoten zet hij graag 'deskundigen' in die het aanbevelen. Of hij creëert evenementen om zo nieuws 'te maken' rondom een product. Hij schrijft er een boek over, *Propaganda*, waarvan wordt gezegd dat Hitlers pr-man Goebbels er zijn lessen uit trok. Hill is bij Bernays aan het juiste adres met de opdracht om vrouwen in het openbaar aan het roken te krijgen.

Bernays wint voor deze klus advies in bij de New Yorkse psycholoog Abraham Brill, net als Bernays afkomstig uit het Joods-Oostenrijkse intellectuelenmilieu. 'Voor sommige vrouwen is de sigaret een vrijheidssymbool,' vertelt Brill aan Bernays. Roken is bovendien een ultieme vorm van orale erotiek, vervolgt de exponent van Freud en Jung. 'Een sigaret in de mond stimuleert de orale zone.

Terwijl vrouwen steeds vaker hetzelfde werk doen als mannen, minder of geen kinderen krijgen, en ze gedragen zich minder vrouwelijk. De sigaret stelt hen op gelijke hoogte met mannen, hij is als een vrijheidstoorts.'

De woorden van Brill zijn aan Bernays niet verspild. Hij denkt een plan uit dat leidt tot een gebeurtenis van historische waarde.

Bernays rekruteert een groep vrouwen, die de opdracht krijgt om mee te lopen in de traditionele New Yorkse paasoptocht op 5th Avenue, de Easter Parade. Daarbij worden ze aangemoedigd hun 'torches of freedom', oftewel Lucky Strike-sigaretten, op te steken. De deelneemsters worden zorgvuldig gerekruteerd; ze moeten er aantrekkelijk uitzien. De feminist Ruth Hale, een van de deelneemsters, roept uit: 'Women! Light another torch of freedom! Fight another sex taboo!' Bernays voorziet hoeveel publiciteit de actie zal opleveren en huurt een fotograaf in om verzekerd te zijn van goede 'persfoto's'. En inderdaad, de kranten staan daags na de paasoptocht bol met foto's van de kettingrokende vrouwen. Er komt een nationaal debat op gang. Vanuit het hele land komen berichten van vrouwen die zich in dorpen en steden hebben verzameld om in het openbaar te roken.

Een pr-stunt bedenken die in het echte leven navolging krijgt; daarvoor moet de enscenering perfect zijn, en moet je de vinger aan de pols van de tijdsgeest hebben. Bernays weet wat er speelt en zijn campagnestunt vermomd als emancipatiemars werkt. In 1923 wordt in de Verenigde Staten één op de twintig pakjes door een vrouw gekocht. In 1935 is dat opgelopen tot bijna één op de vijf. Eleanor Roosevelt is op dat moment de eerste First Lady die in het openbaar sigaretten rookt. Maatschappijhistoricus Raymond Harper weet twee emancipatiegolven later te melden dat er statistisch gezien een positieve correlatie bestaat tussen het roken door vrouwen en hun maatschappelijke gelijkberechtiging.

In 1934 heeft Hill nog een klusje voor Bernays. Of hij de heersende mode ook kan aanpassen. Lucky Strike wordt verkocht in een groen pakje en dat is op dat moment een impopulaire kleur. Bernays organiseert benefietgala's en lunches met prominenten en vertegenwoordigers uit de modebranches om met andere experts 'de artistieke en psychologische betekenis van de kleur groen' te bespreken. Uiteraard gaan de aanwezige celebraties – tegen betaling – in groene galajurken gekleed. De technieken van Bernays, die de grenzen tussen 'nieuws' en reclame laat vervagen, en zijn vermogen om de massa te beïnvloeden, zijn op dat moment revolutionair. Hij is de grondlegger van wat later bekend komt te staan als public relations.

Life Magazine schaart Bernays later onder de honderd invloedrijkste Amerikanen uit de twintigste eeuw.

'HUN GEZONDHEID STRAALT U TEGEN'

Het verleiden en opvoeden van de Nederlandse roker

In Nederland doet de sigaret er een stuk langer over om ingeburgerd te raken dan in de meeste westerse landen. Terwijl verkoopcijfers in de Verenigde Staten eind negentiende eeuw al spectaculair stijgen, is de sigaret bij ons nog een obscuriteit waarmee je gekke dingen kunt doen. Zo worden er bij sport- en spelwedstrijden regelmatig 'cigaretten-races' gehouden. 'De deelnemers moeten van een zeker punt rennen naar een in de baan geplaatsten stoel, daar een cigaret uit een doosje nemen, deze aansteken en terug rennen naar het punt van uitgang,' legt de organisatie van de Wedloopen te Clingendaal in 1895 uit. Bij de viering van het Leids Ontzet, een paar jaar eerder, gaat de race er nog spectaculairder aan toe, want dan moeten de deelnemers te paard een sigaret brandend zien te houden.

Al is de sigaret nog tamelijk zeldzaam, toch opent Jan van Kerckhof al in 1885 in Amsterdam zijn 'Cigarettenfabriek', al is dat een wat pretentieuze naam voor een werkplaats met een machine en wat handwerkslieden. Maar het begin van de productie in Nederland is er.

Voor die tijd is het import wat de klok slaat. Sigaretten komen niet, zoals later, uit het Westen, maar uit het Oosten. De grootste importeur is H. Swarttouw te Delft, die zogenaamde Russische sigaretten verkoopt, met namen als Kremlin, Peterhof en Alexander. Jan van Kerckhof verkoopt Egyptische sigaretten onder de naam Dubec en Sultan. In eerste instantie importeert hij de sigaretten in zijn geheel, later laat hij ze zelf draaien. Daarbij maakt hij dankbaar gebruik van Russische handwerkslieden. Tijdens de pogroms van begin jaren negentig van de negentiende eeuw zijn duizenden Joden Rusland ontvlucht. Een aantal van hen beheerst de kunst van het rollen goed en vindt emplooi in de Amsterdamse werkplaats. Later nemen vooral jonge jongens, van vijftien, zestien jaar oud,

het werk over van de Russische Joden. Die trekken in veel gevallen
verder, naar Amerika.

De sigaretten die in die tijd gerookt worden zijn korter en dikker en
bevatten ook meer teer en nicotine dan de modernere varianten. Ze
branden ook langer, en bijgevolg is het niet de gewoonte excessief
te roken, vaak zo'n vijf tot tien stuks per dag. De Amerikanen roken
gezoete Virginia-tabak, maar in Europa en in Nederland overheerst
de Egyptische sigaret, die een puurdere tabakssmaak heeft. Er is
trouwens weinig Egyptisch aan deze ovale sigaret, want tabaksteelt
is er door de Engelse overheersers verboden. Maar de oriëntaalse
tabak, veelal afkomstig van de Balkan en uit Turkije, Bulgarije
en Griekenland, wordt er zonder fiscale restricties ingevoerd en
tot sigaret verwerkt, zodat Egypte het voornaamste uitvoerland
van sigaretten wordt. De pakjes die Nederlanders vóór de Eerste
Wereldoorlog kopen, hebben steevast mysterieuze, of in ieder geval
oriëntaals klinkende namen, zoals 'Kyriazi Frères' of 'Kirima'. De
pakjes sigaretten zijn versierd met farao's en piramides, palmbomen
en rokende Arabieren.

Pas na de eeuwwisseling krijgt Van Kerckhof serieuze concurrentie,
van Louis Dobbelman. Die reisde in 1860 naar de Verenigde Staten,
waar hij als officier van het Noordelijke leger deelnam aan de
Amerikaanse Burgeroorlog. Daar kwam hij in aanraking met tabak
en eenmaal terug in Rotterdam start hij in 1865 een tabakszaak.
Hij handelt in sigaren, maar ook in thee en koffie. Vanaf 1901 produceert zijn bedrijf in Rotterdam sigaretten. In 1909 start Niemeyer
een fabriek in Groningen, twee jaar later gevolgd door Mignot &
De Block in Eindhoven en de Philips Tabaksfabriek in Maastricht.
Na de Eerste Wereldoorlog rollen in Zevenaar sigaretten van de
Turkish-Macedonian (Turmac)-fabriek van de band.

BAT vestigt in 1906 een dochteronderneming in Amsterdam.
BAT brengt kant-en-klare sigaretten uit Engeland en de Verenigde
Staten op de markt, zoals Pirate en Three Castles. In 1913 start
ook dit bedrijf zijn eigen productie in Nederland, de eerste sigaretten dragen de naam Encore. Dit is een zogenoemde Turkish
blend-sigaret met een mondstuk van kurk, tien stuks kosten tien

cent. BAT introduceert bij dit merk een spaarpuntenactie: in ieder pakje zit een coupon, en deze coupons kan het publiek inruilen voor cadeautjes. Dat kan van alles zijn, klanten kunnen op aanvraag een prijs bemachtigen. Eén fanatieke coupon-verzamelaar zet wel erg hoog in, hij vraagt per brief of hij met de door hem verzamelde punten een bontjas voor zijn vrouw kan krijgen. Het succes van de spaaractie is zo groot dat BAT er nog voor de Eerste Wereldoorlog in Rotterdam een speciale showroom voor opent.

Turmac-sigaretten uit Zevenaar.

Big business kun je de sigarettenproductie in Nederland aan het begin van de eeuw echter bepaald niet noemen. Veel van de pakjes die verkocht worden zijn proefbestellingen. De bestellers zijn wel nieuwsgierig, maar nog lang geen overtuigde rokers. Het helpt de binnenlandse producenten niet dat over de sigaretten die massaal worden geïmporteerd nog altijd geen invoerrechten worden geheven.

In de loop van de twintigste eeuw neemt bij ons toch ook de machinale productie toe. Daardoor worden sigaretten steeds goedkoper – vooral in vergelijking met sigaren. Ze kosten – afhankelijk van de kwaliteit maar één of een paar cent per stuk, en worden vaak per dozijn of per vijftig tot honderd stuks verkocht. Zo ontstaat een steeds grotere groep die zich sigaretten kan veroorloven, want ondanks de enorme sociale ongelijkheden in die tijd, groeit over de gehele linie de welvaart.

Nederland is ook in de jaren tien in vergelijking met de Verenigde Staten, Frankrijk of Spanje nog steeds geen natie van sigarettenrokers. In tegenstelling tot de sigarenindustrie, waarvoor kwaliteitstabak uit Nederlands-Indië wordt gehaald, kent Nederland ook nog steeds geen serieuze sigarettenindustrie. Dat komt doordat sigaretten uit het buitenland nog altijd niet aan heffingen gebonden zijn. Vóór de Eerste Wereldoorlog is een aantal sigarettenfabrikanten in Hotel des Pays Bas te Utrecht bijeengekomen, onder wie de heren Niemeyer uit Groningen en de gebroeders Philips uit Maastricht. In nette bewoordingen, dat wel, spreken ze schande van het feit dat voor de Hollandse sigaret bijna alle grenzen gesloten zijn, terwijl de sigaretten uit het buitenland massaal, zonder enige beperkingen, op de Nederlandse markt worden gedumpt. Zonder te willen betogen dat protectionisme zaligmakend is, is het volgens de fabrikanten een morele plicht van de rijksoverheid om de sigaret uit den vreemde zwaarder te belasten.

Ze schrijven brieven aan de ministers van Financiën en van Landbouw, Handel en Nijverheid. De inspanningen zijn vergeefs, maar de oorlog biedt uitkomst. De strijdende landen om ons heen hebben hun tabak zelf nodig. De sigaret van Nederlandse makelij heeft lang niet de status van de Hollandse sigaar, maar bij gebrek aan beter komt de binnenlandse sigarettenindustrie toch voorzichtig op gang. Van de 500 miljoen verkochte sigaretten in 1916 zijn er 200 miljoen in Nederland gemaakt.

De Nederlandse fabrikanten produceren vooral de Egyptische sigaret. De oriëntaalse tabak is makkelijker tot sigaret te verwerken dan die uit Virginia en ruikt zeer sterk. Als de aanvoer uit die landen steeds schaarser wordt, worden gaandeweg inferieure surrogaten gebruikt, zelfs hop wordt erin verwerkt.

Intussen stijgt de prijs: voor de oorlog kocht je voor één cent een goede sigaret, in 1918 is de prijs verdrievoudigd. Tot 1917 was er overigens nog niet veel aan de hand, maar als de Duitsers dat jaar starten met hun 'onbeperkte duikbotenoorlog' – zonder waarschuwing worden alle vijandelijke schepen die ze tegenkomen tot zinken gebracht – is het snel gedaan met de import van tabak.

Bijgevolg verrijzen her en der kleine sigarettenfabriekjes, en er ontstaat een 'huisindustrie', waarbij op zolders met een hand-machientje sigaretten worden gedraaid. Tussen 1914 en 1924 telt ons land twintig nieuwe fabrieken van enige omvang, de meeste in Amsterdam en Den Haag.

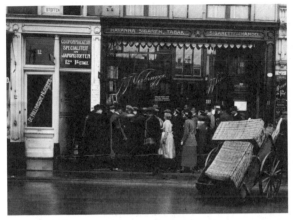

Schaarste tijdens de Eerste Wereldoorlog leidt tot drukte bij de tabakswinkel van J.J. Verbrugge in Den Haag (1915).

De bescheiden Nederlandse sigarettenindustrie profiteert van de afwezigheid van buitenlandse concurrentie tijdens de Eerste Wereldoorlog. Hun winsten nemen toe en de begeerte naar meer maakt ze tegen het eind van de oorlog overmoedig. Om voor eens en voor altijd van het machtige British American Tobacco af te zijn – 'tegen een ongewenschte overheersching der Trust' – probeert men de eigen tijdelijke monopoliepositie uit te buiten door de Nederlandse winkeliers met een wurgcontract aan zich te binden. De verkopers moeten ervoor tekenen om nooit producten van 'de British' te verkopen. Doen ze dat toch, dan komt hun dat op een geldboete en een boycot door alle Hollandse fabrikanten te staan. Een serieus dreigement, maar de fabrikanten overspelen daarmee hun hand. De winkeliers weigeren massaal te tekenen. Om een

85

boycot voor te zijn, hadden ze wel alvast massaal Nederlandse sigaretten ingeslagen.

De BAT heeft haar voorraden na de oorlog snel op peil en is vastbesloten om haar positie in Nederland terug te veroveren. De multinational beschikt over een goed inlichtingennetwerk en is op de hoogte van de mislukte poging van de binnenlandse concurrenten om de BAT uit de markt te drukken. Bij wijze van vergelding worden schepen volgeladen met sigaretten en die worden onder de kostprijs – variërend van anderhalf tot drie cent per stuk – op de Nederlandse markt gedumpt. De Nederlandse fabrikanten rest niets anders dan mee te gaan in de prijsverlaging.

De grote winnaar van deze sigarettenoorlog is uiteraard de roker. De prijzenoorlog draagt bij aan de populariteit van de sigaret. In de paar jaar na de Eerste Wereldoorlog heeft de sigaret de pijp en de sigaar verslagen: een fabrikant berekent dat de consumptieverhouding vóór de oorlog 75-25 was, in het voordeel van de sigaar. Na de oorlog is de verhouding gedraaid naar 60-40 in het voordeel van sigaret.

De consument is na de oorlog trouwens maar wat blij met de terugkeer van de Engelse sigaret, die is gemaakt van Virginia-tabak: 'Wien heugt het heugelijk moment niet meer, waarop we in het voorjaar van 1919 voor 't eerst weer een echte Engelsche sigaret tusschen de lippen konden nemen en in rook doen opgaan,' schrijft een lezer in de krant. De bekende merken zijn Player's, Capstan en Gold Flake. De populariteit van de Engelse sigaret hier te lande is mede te danken aan de Engelse krijgsgevangen soldaten die tijdens de oorlog door de Duitsers in Nederland geïnterneerd werden. De Engelsen ontvingen van de Britse regering hun eigen sigaretten, die ze deelden met de Hollanders.

De opmars van de sigaret zet in de jaren twintig door. In 1923 rookt een Nederlander per jaar gemiddeld 274 sigaretten, zo heeft het Centraal Bureau voor de Statistiek uitgerekend. De toenemende populariteit van de sigaret sinds de oorlog heeft de interesse van de fiscus gewekt. Om de rijksbegroting sluitend te krijgen, heeft minister van Financiën Simon de Vries miljoenen guldens nodig. Er wordt gesproken over een nieuwe vorm van vermogensbelasting, maar de conservatieve ARP-minister heeft een beter plan: een tabaksaccijns. Daarmee wil hij twintig miljoen gulden binnenhalen.

De arbeidersbeweging is woedend. 'Niet het grootkapitaal en grootgrondbezit exproprië ren (onteigenen), maar de arbeiders en de armen, nadat zij gedurende de oorlogjaren achtereen zijn gebrandschat,' schrijft *De Tribune*, het revolutionair-socialistisch volksblad. De krant vindt het schandalig dat de arbeider 'voor wie bij en na de intense arbeid de sigaret meer en meer een noodzakelijk genotmiddel is geworden', de rekening voor het staatstekort moet betalen.

Er wordt een adviescommissie in het leven geroepen die zich over het voorstel buigt. Daarin zijn ook twee sigarettenfabrikanten vertegenwoordigd, onder wie Niemeyer uit Groningen, en zij weten toch nog een voordeel uit de situatie te halen: de import wordt eindelijk aangepakt. De binnenlandse sigaretten worden met vijftien procent accijns belast, maar de import treft een drie keer zo hoge belasting: vijfenveertig procent. Het leidt ertoe dat meer buitenlandse firma's in Nederland een fabriek openen en zo de hoge heffing omzeilen.

De arbeiderspartij SDAP laat in het eindverslag van de Kamercommissie noteren tegen de heffing te zijn, 'omdat tabak voor den werkman een artikel is van dagelijksch gebruik'. De weerstand vanuit de arbeidersbeweging tekent de grote populariteit van de sigaret onder de werkende klasse. Maar een volwaardig en algemeen geaccepteerd consumptiemiddel is het toch ook weer niet, zo blijkt uit het genoemde verslag, opgesteld door – vermoedelijk – sigaren rokende heren van stand: 'Dat van sigaretten een hooger recht geheven zal worden, juichten zij toe, daar het gebruik hiervan uit hygiënisch oogpunt geen aanmoediging verdient.'

Voortaan moeten de pakjes sigaretten voorzien zijn van een banderol, een belastingzegel waarop de verkoopprijs staat die de consument in de winkel betaalt. Het is tevens het bewijs dat de verschuldigde accijns is afgedragen. Het levert de fabrikanten extra werk op: ze moeten een aparte administratie opzetten voor de aanschaf van de banderollen. Er bestaat ook nog geen machine voor het aanbrengen van de zegels. Zo moet fabrikant Laurens twee extra meisjes inhuren om de banderollen met schaar, kwast en stijfsel aan te brengen, schrijft Hans Pars in zijn bedrijfsbiografie *Een doorrookt verleden*.

Lange tijd is de belastingheffing op tabak in ons land, vergeleken bij de wereld om ons heen, tamelijk bescheiden. Zo leunt de Amerikaanse begroting al in 1928 voor 10 procent op de belasting op sigaretten: dat jaar zo'n 300 miljoen dollar. Met een nieuwe Nederlandse tabakswet wil de VVD-minister van Financiën Piet Oud, die bekendstaat om zijn strenge bezuinigingsbeleid, de accijns op sigaren begin jaren dertig verhogen van 10 naar 22,5 procent en op sigaretten van 25 naar 37,5 procent. De minister hoopt zo jaarlijks tien miljoen gulden op te halen.

Als zijn plannen eind 1933 bekend worden, verzet de tabaksindustrie zich hevig. Er is sinds 1929 een ernstige economische depressie gaande, overgewaaid uit de Verenigde Staten, vooral veroorzaakt door overproductie in de landbouw en industrie. Doordat Nederland lang vasthoudt aan de Gouden Standaard – de vaste ruilverhouding tussen de gulden en goud – staat de export op een laag pitje en wordt de crisis extra hard en lang gevoeld. Het aantal werklozen explodeert van 18 000 in 1929 naar bijna een half miljoen midden jaren dertig.

In 1930 telt Nederland twintig sigarettenfabrieken, waar op dat moment zo'n 2500 mensen werken. Hoewel de productie van sigaretten grotendeel geautomatiseerd is, worden er begin jaren dertig jaarlijks toch miljoenen sigaretten handmatig gerold, vooral door jonge dames. Fabrikanten kondigen aan dat vooral zij hun baan zullen verliezen als de accijnsverhoging doorgaat. Ook de sigarenindustrie die als werkverschaffer bijna tien keer groter is, verzet zich hevig. Hier is nog bijna volledig sprake van handenarbeid, de stand van de techniek maakt automatisering niet goed mogelijk. Blijkbaar hebben de sigarenmakers hun lobby in Den Haag beter voor elkaar: de minister besluit de accijns op sigaren nagenoeg ongewijzigd te laten, en die op sigaretten te verhogen naar maar liefst vijftig procent.

Kranten hekelen deze 'onbegrijpelijk harde en eenzijdige' accijnsmaatregel en in grote advertenties in landelijke dagbladen waarschuwen sigarettenfabrikanten voor de ernstige gevolgen van de accijnsverhoging. Op een prent zien we een terneergeslagen arbeider en klerk die een fabriek verlaten: 'ontslagen. En duizenden zullen volgen... 50 % accijns op sigaretten vermoordt de sigaretten-industrie en wordt een nationale ramp. Nederlanders, verdedigt uw bestaan!'

De heren en vooral dames in de fabrieken hebben het toch al niet makkelijk. Het werk wordt slecht betaald, de dagen zijn lang en de arbeidsomstandigheden vaak niet optimaal, waarbij het personeel in de sigarenindustrie het nog wat zwaarder heeft dan dat in de sigarettenfabrieken, waar het werk meer gemechaniseerd is. En ondanks het Kinderwetje van de liberaal Van Houten uit 1874 zijn tot dik in de twintigste eeuw honderden kinderen jonger dan veertien jaar in de fabrieken werkzaam; zelfs kinderen jonger dan tien werken met tabak. Er bestaan wel vakbonden, zoals de Rooms-katholieke, Christelijke en Algemene Sigarenmakers- en Tabaksbewerkersbond, die ook geregeld stakingen organiseren. Maar het lidmaatschap van een bond was lange tijd een legitieme reden voor de fabrieksbazen om een werknemer te ontslaan. In het blad *Rooms Leven* worden werkgevers opgeroepen vooral geen mededogen te hebben: 'Bent eensgezind en stuur al Uw socialistisch gezinde arbeiders uit Uw fabrieken. Stuur ze eruit, en laat U niet vertederen door medelijden met hun gezinnen.'

Met de jaren verbeteren de omstandigheden en lonen wel iets, maar vooral voor vrouwen blijft er nog wel wat te wensen over. Zo zijn er in 1930 inpakdames bij de Laurens-fabriek in Den Haag werkzaam die sinds de oprichting van de fabriek in 1921 niet één vrije dag hebben gehad. Mannen hebben dat recht wel: drie dagen per jaar. Ook krijgen de meeste werknemers in de sigarettenindustrie na gedane arbeid op zaterdag een slof sigaretten mee naar huis.

De rigoureuze belastingverhoging op sigaretten gaat door. De tabakswet wordt in 1921 aangenomen en wordt per 1 juni 1922 van kracht. Toch stijgt de prijs van de sigaret niet. Integendeel. Dat is te danken aan de verbeterde productietechnieken: de Bonsack-machine uit 1885 produceerde ruim tweehonderd sigaretten per minuut, in 1925 is dat aantal met de Molins Mark I opgeschroefd tot duizend. Verder zijn de grondstofprijzen gedaald, maar de verkoopregulering in de winkels zorgt er ook voor dat de meeste sigaretten goedkoper worden.

De regulerende maatregelen van de overheid in de jaren twintig en dertig zijn feitelijk dus een zegen voor de consument. We roken in de jaren dertig nog iets minder dan de Duitsers en de Zwitsers en nog veel minder dan de Britten en Amerikanen, maar we zijn op de goede weg.

Vanaf het moment dat de sigaret in Nederland een serieuze uitdager wordt van de sigaar, neemt ook hier het belang van de verkooptechniek toe. Terwijl in de Verenigde Staten en in Engeland al geruime tijd enorme bedragen worden gestoken in reclame- en marketingcampagnes, staat dit bij ons nog in de kinderschoenen. We komen dan ook van ver. De negentiende-eeuwse Hollandse koopman wees reclame nog af, zo is te lezen in de bedrijfsgeschiedenis van de Rotterdamse koffie- en tabaksfabrikant Van Nelle, omdat 'eigen roem een heer niet siert'. Fabrikanten van de oude stempel vinden overdadig reclame maken onzin: een goed product verkoopt zichzelf. En een goed ontwerp helpt ook: Van Nelle dankt haar bekendheid mede aan de herkenbare huisstijl van de hand van ontwerper Jac. Jongert, die ook op de tabaksverpakkingen is terug te zien. De strakke vormen en heldere kleuren passen goed bij het revolutionaire fabrieksgebouw van Van Nelle in Rotterdam, dat eind jaren twintig werd gebouwd en tegenwoordig geldt als industrieel monument.

Maar de tijden veranderen: de concurrentie is groot, de mond-tot-mondreclame van weleer volstaat niet meer. Fabrikanten lokken rokers met cadeautjes. Populair zijn de borduurkleedjes van Caravellis en vooral de lapjes zijde die de Haagse fabrikant Laurens aanbiedt bij een pakje Xanthia. De zijdjes zijn bedrukt met bloempjes en planten. Wie stevig doorrookt kan al die lapjes aan elkaar laten naaien, zodat je er bijvoorbeeld een tafelkleed aan overhoudt. Turmac brengt ook zijdjes op de markt en deze zijn tot op de dag van vandaag een geliefd verzamelaarsobject. Rokers kunnen ook sparen voor asbakken, een schaakspel, of, iets later, een elektrisch scheerapparaat. Miss Blanche sluit een contract met

De Telegraaf; adverteerders in de rubriek 'Speurders' krijgen een doosje met vijftig stuks sigaretten cadeau.

Er blijven voor de sigarettenmerken genoeg manieren over om rokers aan zich te binden. Zo stelt de Haagse dependance van het Brusselse merk Davros haar rokers in 1923 in de gelegenheid om maar liefst duizend gulden te winnen. Daarvoor moeten ze de uitslag van de voetbalinterland Nederland-Frankrijk, op 2 april van dat jaar, goed voorspellen. Hoewel handbaluitslagen in het voetbal in die jaren vaker voorkomen dan nu, had niemand voorzien dat *Les Bleus* in Amsterdam met 8-1 werden geklopt.

De huisstijl van Van Nelle, van ontwerper Jac. Jongert.

Turmac uit Zevenaar is eveneens actief op advertentiegebied. Het bedrijf is na de Eerste Wereldoorlog opgericht door Kiazim Emin, een puissant rijke en kogelronde Turkse tabakshandelaar. Zijn entree in het Gelderse provinciestadje was als een episode uit Sheherazades Duizend-en-een-nacht, zo wil de overlevering. Hij arriveerde 'als een sjeik' met een eigen treinwagon in Zevenaar, 'omringd door talloze bedienden en sigarettenrokende haremda-mes'. In de Liemers, de streek waartoe Zevenaar behoort, werd al sinds de achttiende eeuw tabak geteeld, wellicht dat Emin daarom zijn oog op deze streek had laten vallen om er een fabriek te bouwen. Niet dat hij koos voor tabak uit de regio: daar kon je geen goede sigaretten van produceren. Emin liet de tabak uit het oosten komen. Hij liet fraaie sigaretten met gouden mondstukken maken. 'Turmac, de kwaliteitssigaret' was dan ook de reclameleus voor de sigaretten uit Zevenaar, die al snel een groot marktaandeel veroveren. Dat is mede te danken aan het feit dat de Egyptische sigaret voor de Tweede Wereldoorlog populairder is dan de Virginia-sigaretten.

Turmac probeert rokers in de jaren twintig met een advertentiecampagne op te voeden, door ze over te halen om sigaretten niet langer los te kopen en zelf in etuitjes te stoppen. 'Cigaretten rooken uit een etui is verkeerd. Zij verliezen dan veel van hun aroma en vooral voor zachte, geurige cigaretten als Turmac-Bleu, Rouge en Vert is het niet aan te bevelen. Wij brachten daarom deze sigaretten in platte doosjes van 10 stuks (vestzakformaat).'

Sigarettenautomaat die voor één stuiver een brandende sigaret levert. Engeland, 1931.

Terwijl New York met zijn neonverlichte straten al decennialang indruk maakt op toeristen, doet lichtreclame pas in de loop van de jaren twintig voorzichtig zijn intrede in het Nederlandse straatbeeld. En daar maken sigarettenfabrikanten dankbaar gebruik van. In Maastricht maakt Clysma-Sigaretten zelfs reclame op de wijzerplaten van de stadsklokken. In Nederlands-Indië, in het plaatsje Magelang, is met lampen een roker uitgebeeld, van wie de uitgeblazen rook de naam van het lokale merk Mac Gillavry vormt. De reclame-inspanningen hebben effect: tussen 1923 en 1928 groeien de uitgaven aan sigaretten per jaar van 36 naar 46 miljoen gulden.

Om het in omvang toenemende rokerspubliek tegemoet te komen, zetten tabakswinkeliers in de grote steden een noviteit op verkoop-gebied in: de sigarettenautomaat. Hiermee kan de rookverslaafde ook na sluitingstijd in zijn levensbehoefte voorzien. Maar dat gaat niet zonder slag of stoot. Tegen de eerste winkelier, de heer Van Dam, die er in 1928 een plaatst in de Amsterdamse Reguliersbreestraat, wordt meteen proces-verbaal opgemaakt. De automaat wordt buiten werking gesteld en van de kopers worden naam en adres genoteerd. Reden: de algemene politieverordening (APV) die betrekking heeft op de verkoop van tabaksartikelen aan kinderen verbiedt deze wijze van verkopen. Van Dam wordt door de rechter veroordeeld tot het betalen van een boete. Het is wel een bescheiden boete: vijftig cent, dus heel erg geschrokken zal de winkelier toch niet zijn. Bovendien is de sigaret te gewild: de wet buigt al gauw voor de behoefte van de consument. De automaat wordt toegestaan. Wel worden de machines in de begindagen nog al eens te grazen genomen door dieven en valsemunters.

De makers van het massaproduct zoeken de massa ook op. Niet alleen via advertenties in dag- en weekbladen en reclamezuilen op straat, maar ook bij voetbalwedstrijden. Zo hangt de Ardath Tobacco Company reclamedoeken op: Rookt Chief Whip. Deze fabrikant geeft ook de Chief Whip-voetbalgids uit. En er is het Ardath Wisselschild (later: Chief Whip Wisselschild), een kam-pioensschaal voor de voetbalkampioen van Nederland.

Aan de rokers van Xanthia Super-Six sigaretten wordt in 1929 het boekje *Koning Voetbal* aangeboden. Dit is een boekje van de hand van de bekende sportschrijver Leo Lauer dat verschijnt ter gelegenheid van het veertigjarig jubileum van de NVB (de voorloper

van de voetbalbond KNVB). Het bevat 'mooie foto's en aardige arti-
keltjes over bekende voetballers, over groote momenten uit onze
voetbalgeschiedenis en verder aardige voetbal anecdoten.'

In de jaren twintig maakt Nederland kennis met de variant
op de Amerikaanse honkbalplaatjes en die je krijgt bij een pakje
sigaretten. Sigarettenfabrikant Philips te Maastricht heeft de
primeur met zijn zogeheten 'NVB en Philipidès-sigaretten', waarmee
de fabrikant op zijn minst de suggestie wekt dat de voetbalbond
een officiële zakenpartner is, wat niet bewezen kan worden. Een
complete serie voetbalplaatjes kan worden ingeruild tegen een
echte lederen voetbal. In 1920 heeft Philips Bros Ltd. er al meer dan
honderd verzonden, zo meldt het bedrijf in een advertentie, 'zulks
ter kennisname van diegenen, die men trachtte wijs te maken, dat
door ons geen ballen meer zouden worden verstrekt'. Er worden
heel wat series bijeengepaft, want in totaal geeft Philips 1700 ballen
weg, waarbij de gelukkige ontvangers in krantenadvertenties met
naam en adres worden genoemd.

Begin jaren dertig brengt Miss Blanche voetbalplaten op de
markt die in een verzamelalbum geplakt kunnen worden. Ze zijn
al gauw zeer populair. Zo populair dat op Marktplaats tegenwoordig meerdere complete albums te vinden zijn. De prijzen per
plaatje halen het niet bij die van de oude honkbalplaatjes, zoals
van Honus Wagner; de duurdere exemplaren gaan voor enkele
euro's van de hand.

Sigaretten en plaatjes om te verzamelen: het is een gouden
huwelijk, dat in 1927 al in het productieproces bezegeld wordt, zo
meldt De Telegraaf bij een bezoek aan een Londense beurs. 'Er doen
wel eens mogelijke legenden de ronde dat in de Amerikaansche
vleeschfabrieken machines aanwezig zijn, die aan den eenen kant
het levend vee in zich opnemen en den fabrikant een ogenblik
later het afgewerkte product, in casu vleesch in blik, voor den
neus toveren.' Dat is een wensgedachte, maar bij de productie
van sigaretten gaat het er echt zo aan toe, schrijft de krant, en
wel tot 55 000 sigaretten per minuut. En het mooiste is: 'Zelfs de
sigarettenplaatjes, waar de Engelsche straatjongen niet buiten
kan en waarvan hij heele collecties bezit, worden automatisch in
de doosjes gestopt.'

Sigarettenfabrikanten krijgen al gauw concurrentie van zeep- en kauwgumfabrikanten, die zien wat voetbalplaatjes voor de verkoop kunnen doen. Tientallen bedrijven zouden hun voorbeeld volgen, met de voetbalplaten van Esso uit de jaren vijftig als een van de beroemdste voorbeelden.

Het blijft niet bij het verzamelen van voetbalplaatjes, er kunnen allerlei objecten en cadeautjes verzameld worden. Fabrikant Laurens brengt in 1930 zelfs een catalogus uit waarin alle geschenken te vinden zijn.

De afbeelding van honkballerHonus Wagner is verkrijgbaar bij een pakje Sweet Caporals.

Maar in 1934 is het uit met de verzamelpret. De Nederlandse overheid besluit de Tabakswet aan te passen, om een aantal zaken recht te zetten. Ten eerste wordt een einde gemaakt aan ondoorzichtige verkooppraktijken. Er wordt nogal eens gestunt met de prijzen, doordat winkeliers – tegen kwantumkortingen – rechtstreeks inkopen bij fabrikanten, en de sigaretten vervolgens ver onder de vastgestelde prijs verkopen. Voortaan is het winkeliers verboden pakjes te verkopen onder de prijs die de banderol vermeldt. Daarnaast wordt er, na een aanhoudende klaagzang over concurrentievervalsing door collega-middenstanders, een verbod ingesteld op het schenken van de geliefde cadeautjes.

Gevolg van het cadeauverbod, zo schrijft Hans Pars in zijn biografie van de Laurens Sigarettenfabriek in Den Haag, is dat veel fabrikanten voortaan de winkeliers proberen te paaien met geschenken. Zo schenkt Laurens winkeliers rond feestdagen en bij de introductie van een nieuw merk vazen en borden van Gouds plateel, een soort aardewerk. Alles in de hoop dat de eindverkopers de merken van Laurens bij de klant nog wat extra onder de aandacht brengen.

Chief Whip blijft wel de naamgever van het 'wisselschild' dat de voetbalkampioen van Nederland in ontvangst mag nemen. In 1939 mag Ajax het schild definitief in ontvangst nemen, na het vijfde kampioenschap. Dat roken en voetbal prima samengaan, bewijzen krantenverslagen waarin te lezen is dat doelmannen tijdens voetbalwedstrijden soms doodleuk een sigaretje opsteken. Een lofzang op de 'sportieve' sigaret van een journalist in de *Revue der Sporten* spreekt eveneens boekdelen. 'In den schouwburg, bij stoep-tot-stoep-loopjes bij visites, de sigaret is verder een wondering tot kalmeering van zenuwen. O-la-la, de sigaret is meer. In dit geval wil ik nog slechts zeggen, dat de sigaret een sportief ding is, dat in onze sportwereld niet meer kan ontbreken. Vertel me, dat het witte rolletje met de goddelijke tabak iets branie-achtigs geeft, all right, maar het verlicht het brein, het geeft je veerkracht, iets jeugdigs, in 't kort, het past bij sport, het is sportief, zonder overdrijving trekjes te doen aan zoo'n elegant puffertje. Een sigaret is het symbool van licht- en vlugheid. En wat is de sport zelve anders?'

Dat er in ons land steeds meer en op meer plaatsen gerookt wordt, zorgt ook vaak voor ergernis. Neem het openbaar vervoer; vanwege energieschaarste geldt na de Eerste Wereldoorlog in de grote steden een beperkte dienstregeling, waardoor de trambalkons in grote steden overvol zijn. Schouder aan schouder wordt volop

Vier bekende sigarettenmerken van W. Duke Sons & Co,
eind negentiende eeuw.

Affiches van het Duitse Laferme (1897)
en van Van Nelle (1905).

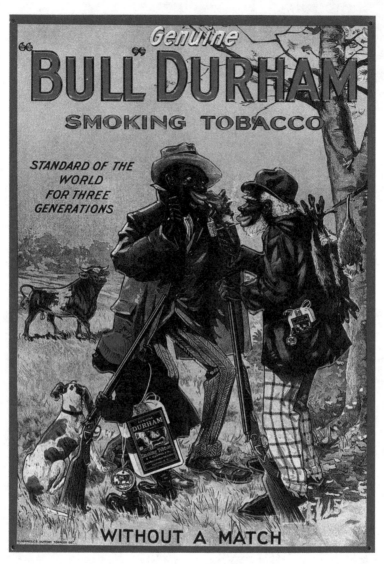

Deze poster van Bull Durham is anno 1900 controversieel omdat het geslacht van de stier zo duidelijk zichtbaar is, niet vanwege het racistische karakter ervan. Pas in de jaren veertig, als nieuwe markten veroverd moeten worden en ook het Afro-Amerikaanse deel van de bevolking interessant gevonden wordt door de fabrikanten, is het definitief gedaan met dit soort karikaturen.

abak behoort tot de standaarduitrusting van de Europese soldaten
n vooral de snelle sigaret is populair tijdens deze snelle oorlog.

Lucky Strike weet het in 1930 zeker: roken is beter dan snoepen (links midden). Rokers moeten anno 1932 nog worden opgevoed: inhaleer toch vooral (midden). Ook beroemdheden als acteur Ronald Reagan (begin jaren vijftig, linksonder) en de Kerstman (1935) prijzen de sigaret (rechts midden).

Fabrikanten proberen de onrust over de vermeende gezondheidsrisico's in de jaren vijftig weg te nemen: wetenschappers roken ook.

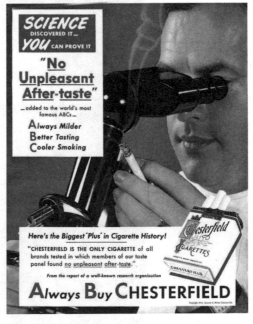

Sport en sigaretten: van winnende combinatie tot onverenigbare zaken. Posters van de Eindhovense tabaksfabrikant Mignot & De Block uit 1951 en Stivoro uit 1985.

Draai een Drum voor elkaar.

Excellent
DOUWE EGBERTS
DRUM
half zware shag

Shag en sigaretten
zijn in de jaren tachtig
nog altijd niet duur.

20
Belinda
Filter-Kings
f 3.-

25 héle goeie
sigaretten
voor één-40.

Mantano
MILD CIGARETTES

Mantano

Rokende kinderen, ook in 1962 nog heel gewoon.

gerookt, wat leidt tot prikkende ogen en stinkende kleding bij
niet-rokers.

Maar ja, vindt de roker, op het balkon moet je toch zeker wel kunnen roken? Neen, vindt een brievenschrijver in *Het Vaderland*, 'want
het rooken is hier te lande geen gebruik, maar één groot misbruik
geworden. Waar de rookende heeren der schepping vereenigd zijn,
in vergaderzalen, slecht geventileerde cafés, spoorwegcoupés, is
de atmosfeer gewoonweg ongenietbaar, hinderlijk en schadelijk.
En was het nu maar steeds goed spul wat in rook opgaat, maar
daar mankeert véél aan. Ik heb dikwijls gedacht: zouden ze geen
oude broeken en jassen verwerken, om sommige sigaren of pijpen
te vullen?'

(Rook)gemak dient de mens, ook tijdens het autorijden.

Het zijn publieke besognes waar de vermogende Nederlander
geen last van heeft. De nieuwe Mercedes Benz die in 1921 in ons
land wordt geïntroduceerd, is voorzien van een elektrisch aan-
steeklampje voor de sigaret. De luxe Benz laat de koper niet alleen
'schokloos rijden', maar ook ongestoord roken. Wel moet de rokende
automobilist soms nog leren wat wel en niet kan. In 1923 loopt een
chauffeur ernstige brandwonden op als hij al rokend de benzinetank
van zijn auto vult en met zijn hoofd te dicht bij het reservoir komt.

Roken in openbare gelegenheden is sowieso niet van gevaren
ontbloot. Zo is in treinen de gewoonte ontstaan dat reizigers elkaar

sigaretten aanbieden. Maar er verschijnen berichten in de kranten over reizigers die na een gezamenlijk sigaretje wakker worden met een lege portemonnee: de aangeboden sigaretten bevatten een bedwelmend stofje, dat de achteloze reiziger verdoofd en vervolgens berooid achterlaat. Zo wordt een korporaal in de trein van Amsterdam naar Den Haag beroofd van zeven gulden. 'De heer W.' uit Ede is heel wat ongelukkiger: hem is tijdens een diepe slaap in de trein maar liefst negenhonderd gulden afhandig gemaakt. Of het hier een handige verdwijntruc betreft of een echte – tijdelijk – populaire roofmethode, is onduidelijk.

Agenten van het politiebureau aan de Warmoesstraat in Amsterdam weten ook niet goed raad met de aangifte van een vader en diens vijftienjarige zoon in 1925. De jongen verklaart dat hij in de bioscoop is aangesproken door een man die naast hem zat. Deze bood hem een sigaret, waarvan hij 'half bedwelmd' raakte. De man maakte van de gelegenheid gebruik door 'niet nader te omschrijven handelingen te plegen'. *De Telegraaf* meldt op 6 januari 1925 dat het onderzoek van de politie nog loopt, 'mede over de vraag of geloof gehecht moet worden aan het fantastische relaas van den jongen'.

En dan is er het brandgevaar in stad en land. Om te beginnen in de natuur; de moderne stadsmens begrijpt niet dat een achteloos weggegooide peuk een heel bos- of heidegebied in de fik kan zetten. De eerste waarschuwingsborden verschijnen, en in sommige gebieden geldt een rookverbod. 'Bedenkt het steeds,' zo propageert de overheid: 'Een sigaret in het droge gras, zet bosch en baas in zak en asch.'

Ook in huizen en fabrieken zorgt de toegenomen sigaretten-consumptie voor problemen. De Vereeniging Brandassuradeuren te Amsterdam heeft het aantal brandschades per gemeente in Nederland, bij particulieren, in de landbouw en industrie becijferd. Daaruit blijkt dat er in de periode 1921-1929 20 943 brandschades waren, tegenover 15 867 in de tien jaar daarvoor. Er moeten dus maatregelen genomen worden. 'Tegen het rooken is weinig te doen, daar het voor een deel het gevolg is van den tegenwoordigen indi-vidualistischen tijd en bovendien in vele gevallen een prikkel kan zijn om beter werk te leveren,' schrijft de *Limburger Koerier*. Dus worden in fabrieken grote waarschuwingsplakkaten opgehangen, en worden er bakjes neergezet voor de sigaretten en lucifers. In grote fabriekshallen verschijnen bovendien, mede op instigatie van verzekeringsmaatschappijen, sprinklerinstallaties om branden in de kiem te smoren.

In Amsterdam verbiedt het brandweerkorps wegens het toenemend brandgevaar het roken in grote winkels. Het besluit valt niet in goede aarde. In een cynisch krantencommentaar: 'Nu is het de tijd van de hoogste persoonlijke vrijheid. Wil een man rooken, welnu hij rookt, waar, hoe en zooveel hij dat wil. Aan de concertzaal en aan den schouwburg heeft hij een hekel vanwege het geldend verbod om te rooken.'

In de bioscopen mag wel gewoon gerookt worden en dat gebeurt dan ook volop. Dit uitje is muziek- en toneelvoorstellingen in populariteit snel voorbijgestreefd: tussen 1916 en 1930 verdubbelt het bezoekersaantal van 15 naar 30 miljoen bezoekers per jaar. En als begin jaren dertig bijna overal geluid te horen is bij de film, neemt het bezoek nog verder toe. De Nederlander kan zich er vergapen aan de Hollywoodsterren. Hun rijkdom en glamour, daar kunnen de bezoekers alleen van dromen, maar roken als hun idolen, dat is voor iedereen weggelegd. In de jaren twintig is het taboe om filmsterren met elkaar te laten zoenen, de sigaret is de ultieme metafoor voor een intieme omhelzing, en met een beetje fantasie voor méér dan dat.

Een van beroemdste rokende filmsterren van dat moment is Bette Davis. Ze begon er ooit mee, met roken, op aanraden van haar moeder. Die meende dat haar dochter er haar gebrek aan sexappeal mee kon compenseren. Bette nam het advies ter harte. Ze rookte met volle overgave; de sigaret gaf haar naar eigen zeggen het gevoel meer *sophisticated* te zijn. Ze corrigeerde scriptschrijvers die de sigaret wilden inzetten als symbool, om sleutelmomenten in films te benadrukken; dat was een belediging voor de intelligentie van het publiek. Davis beheerste de kunst om met een sigaret haar karakters een persoonlijkheid mee te geven. Door te variëren met de manier waarop ze de sigaret vasthoudt, het inhaleren, het aftikken van as. Natuurlijk rookte Davis niet alleen op het witte doek. Toen ze op hoge leeftijd een beroerte kreeg, was dat voor haar geen reden om te stoppen.

De sigarettenindustrie is er al snel achter dat rokende film-helden goed zijn voor hun business. Daarom betaalt American Tobacco al in de jaren dertig fikse bedragen aan filmstudio's en acteurs om hun merk ten tonele te voeren. Uit contracten die decennia later boven water komen, blijkt dat acteurs er per jaar een aardige bijverdienste aan hadden: vijfduizend dollar per jaar konden ze verdienen door Lucky Strike te roken – gerekend naar de dag van vandaag zo'n 75 000 dollar.

Paul Henreid biedt Bette Davis een vuurtje aan in *Now, Voyager* (1942).

Goed voorbeeld op het witte doek doet ook in Nederland volgen. In het etiquetteboek *Manieren: wenken voor wie zich correct willen gedragen* van Olga van Haeften uit 1936 gaat het in ieder geval niet langer over de vraag óf de vrouw mag roken (al doet 'een vrouw alleen er beter aan niet in het openbaar te rooken'), maar over de manier waarop. Als een vrouw rookt, dan moet zij dat met gratie doen. 'De duim komt er al nooit aan te pas. De sigaret wordt vastgehouden tusschen den eenigszins gestrekten wijs- en middenvinger; de rook wordt langzaam ingezogen maar niet al te vlug weer uitgeblazen. Het geheel dient den indruk van wat loome elegance te geven en zal op die wijze absoluut niet in strijd zijn met het wezen van de vrouw.'

In de jaren dertig wordt het Nederlandse bioscooppubliek ook uitgebreid getrakteerd op reclamefilmpjes voor sigaretten. Zo zien de bezoekers in een filmpje van anderhalve minuut de beroemde voetbalverslaggever Han Hollander, de man die in 1928 het allereerste live radioverslag van een voetbalinterland in de huiskamers bracht. Vanuit zijn commentaarbox doet hij verslag van de wedstrijd, en merkt na 'een prachtdoelpunt' op: *'We kunnen niet allen kampioen zijn, maar wel kunnen we allen ook voor onszelf een goede gezondheid waarderen. En let nu in dat verband eens op de toeschouwers. Voor menigeen is de actieve sporttijd reeds lang voorbij, maar hun gezondheid straalt u tegen. Daar besteden ze als verstandige mensen trouwens de nodige zorg aan. Zelfs bij de keuze van hun sigaret. Kijk, dat doosje daar zegt het al: natuurlijk... Chief Whip! En mag ik u nu voorstellen: mister Chief Whip, de man die overal herkend wordt als symbool van de sigaret die, zoals u allen weet, de beste sigaret voor uw gezondheid is!'* Waarna mister Chief Whip *himself*, een iel mannetje met een modieus dun snorretje op de bovenlip, hoge hoed en een monocle op het oog, deze gezonde sigaret nog eens aanprijst: tien stuks voor 17,5 cent.

In een ander filmpje wordt het jachtige bestaan van de moderne mens verbeeld, die wordt gepijnigd door druk verkeer, loeiende brandweersirenes, heipalen en ander straatlawaai. Om de stress het hoofd te bieden, neemt de verstandige mens een sigaret: 'Blijf kalm, neem 'n Dr. Dushkind.' En op de melodie van het populaire lied 'Happy days are here again' zingt een rokende man in een huiskamer: 'Ieder die van roken houdt, die raakt alras ermee vertrouwd, En hij wordt wel honderd jaren oud, met een North State sigaret!'

De reclamemakers benadrukken niet voor niets hoe gezond de sigaretten wel niet zijn. Ze overschreeuwen er het tegendeel mee. Want dat veel roken niet goed is voor een mens, dat blijft ook in die tijd niet onopgemerkt. Alleen hóé slecht het is, dat is niet helemaal duidelijk.

DIE DEUTSCHE FRAU RAUCHT NICHT!

Verbanning en verheerlijking van de sigaret in oorlogstijd

De kwalijke gevolgen van het roken worden ook nogal eens veralgemeniseerd en overdreven door antirokers. Zo lezen we in de publicatie van de Tuchtunie, een genootschap opgericht in 1908 dat zich statutair ten doel heeft gesteld 'de tuchteloosheid van het Nederlandse volk te bestrijden', dat 'sterke rookers last hebben van een ontsteking van een gezichtszenuw, die verloopt van het oog naar de hersenen'. Objecten die een niet-roker wel waarneemt, zijn uit het blikveld van de roker verdwenen, zo leren we. Daarnaast kampen rokers vaak met symptomen van 'vermeerderde speekselafscheiding, duizeligheid, misselijkheid, braken en een algemeen malaise-gevoel'.

Klachten aan hart en bloedvaten worden in deze en andere publicaties ook vaak genoeg gemeld. Vóór de oorlog is al bekend dat het roken van een paar sigaretten ervoor zorgt dat nicotine in de moedermelk terechtkomt en tot gezondheidsklachten leidt bij zuigelingen. En al in de jaren twintig wordt geregeld het verband gelegd tussen kanker en roken. Om de onrust te temperen koketteren de sigarettenverkopers dus met zogenaamde gezondheidsvoordelen. Het merk Dr. Dushkind wekt bewust de associatie met de dokter. 'Maar,' zo merkt historicus Hans Goedkoop in het televisieprogramma *Andere Tijden* op, 'achter die titel gaat geen arts schuil, maar een slecht geweten.'

Er verschijnen ook producten op de markt om de schadelijke consequenties van het roken te beperken. Zo wordt in 1931 het Bonicot-spuitje geïntroduceerd, een vreemdsoortig anti-nicotinemiddel dat de schadelijke stoffen uit de sigaar en sigaret filtert, door een vloeistof in de sigaret te spuiten. De tabaks- en sigarenfabriek Hillen uit Delft brengt nicotinearme sigaren op de markt. In 1932 verschijnt de eerste sigaret met filter op de Nederlandse markt, de Laurens Filtra. Op de verpakking lezen we dat de filter zeventig tot tachtig procent van de nicotine tegenhoudt en tanden en lippen beschermt tegen stofdeeltjes. Erg populair zijn de filtersigaretten aanvankelijk niet. De Amerikaanse auteur Norman Mailer schaarde de uitvinding van de filter later onder 'de pogingen van de klootzak om de dingen voor niets te krijgen'. Net zoals 'socialisme, schuimrubber, airconditioning, deodorant en televisie'.

De filtersigaret slaat in de jaren dertig dus niet aan. Waarom zou een gezonde man zich ook zorgen maken? De schadelijke effecten op lange termijn zijn wetenschappelijk moeilijk hard te maken. Bovendien ondervindt de een al na een paar jaar klachten, terwijl een ander ongestoord doorpaft, zonder noemenswaardige problemen. Clubs die zich verzetten tegen de sigaret, verzetten zich vaak ook tegen andere genotmiddelen, zoals alcohol, of tegen amoreel of ziekelijk gedrag zoals masturberen, gokken en vloeken. De strijd tegen de sigaret past dus vaak in een algemene strijd tegen onzedelijkheid, tuchteloosheid of een gebrek aan discipline. Hoe serieus moet je dat als nuchtere, moderne burger nemen?

Kortom, klachten als gevolg van roken worden gemeld, de ernstige gevolgen door sommigen vermoed en door anderen overdreven. Eén ding is duidelijk: hard bewijs ontbreekt. Maar longkanker, ooit een zeldzame ziekte, komt in de jaren twintig en dertig wel steeds vaker voor. Dit wordt vaak aan andere zaken toegeschreven, zoals uitlaatgassen, de uitbraak van de Spaanse griep direct na de Eerste Wereldoorlog en het gebruik van chemische wapens tijdens deze oorlog. Sommige wetenschappers die zich bezighouden met de dan populaire eugenetica – het wetenschappelijk onderzoek naar het verbeteren van een ras – durven het aan om de rassenvermenging als oorzaak op te geven. Ook wordt gewezen op het toenemende gebruik van röntgenapparaten, die zouden de toegenomen longkanker wel eens kunnen veroorzaken.

De twintigste-eeuwse mens wordt intussen steeds ouder. Aan het begin van de eeuw is de levensverwachting van een westerse man zo'n 45 tot 48 jaar. Infectieziekten als griep en tuberculose zijn verdwenen als doodsoorzaak nummer één, waardoor de gemiddeld levensduur in de loop van de twintigste eeuw met tientallen jaren toeneemt. Dat geeft ruimte aan chronische ziekten als kanker en hartzwakte. Wat precies de rol van de sigaret is bij het ontstaan van die ziekten is lange tijd niet duidelijk.

Eind jaren dertig wordt het verband tussen roken en kanker wél bewezen. Het betreft vooral statistisch bewijs. De Argentijnse professor Angel Roffo, directeur van het Kankerinstituut in Buenos Aires, overlegt bijvoorbeeld statistieken waaruit blijkt dat 92 procent van de patiënten met mondkanker zware rokers zijn, die meer dan 24 sigaretten per dag roken. Het betreft vrijwel allemaal mannen, en de enkele vrouwen die met de ziekte kampen zijn ook stevige rokers. Door middel van verschillende dierproeven toont Roffo ook aan dat tabaksrook kanker veroorzaakt.

De eerste wetenschappelijk verantwoorde studie naar het verband tussen tabak en longkanker vindt plaats in nazi-Duitsland. Bij die onderzoeken wordt gebruikgemaakt van enquêteformulieren, patiëntengegevens en een gezonde controlegroep. Onderzoeker Franz Müller toont aan dat longkankerpatiënten in de regel zware rokers zijn: zij hebben er een zes keer grotere kans op.

Er verschijnen in het Derde Rijk meer studies over de kwalijke gevolgen van het roken. Zo bundelt Fritz Lickint de uitkomsten van duizenden studies van over de hele wereld in het 1100 pagina's tellende boek *Tabak und Organismus*. Daarin schrijft hij een eindeloze reeks ziekten en vormen van kanker toe aan het gebruik van tabak. En passant munt hij de term *Passivrauchen*, het passief roken ('meeroken') door omstanders.

Het is reden genoeg voor de nazi's om het roken aan banden te leggen. De nazi-ideologie kent het *Gesundheitsführung*-concept, wat inhoudt dat iedere Duitser verplicht is zijn gezondheid in acht te nemen. Zo moeten de *Leistungsfähigkeit* – het prestatievermogen – en de algehele gezondheid van het Herrenvolk worden zeker gesteld. Anders gezegd: de sigaret belemmert het vermogen van de Duitser om te produceren en zich te reproduceren, en is dus slecht.

Roken past bovendien niet bij de cultus van raciale puurheid en reinheid, van de gezonde geest in het gezonde lichaam. Net als zijn geestverwanten Mussolini en Franco verafschuwt Hitler de sigaret, terwijl hij in zijn jonge jaren nog stevig rookte. Hij kan het niet uitstaan dat Hermann Göring, opperbevelhebber van de

Luftwaffe, zich ook publiekelijk niet zonder sigaret vertoont. Eva Braun rookt niet in de Führers nabijheid. Tabak, zo vertelt Hitler – liefhebber van Karl May's indianenavonturen over Winnetou en Old Shatterhand – aan zijn toehoorders, is 'de wraak van de rode man op de blanke, die hem de sterke drank gaf'. Hitler heeft er dan ook spijt van dat zijn soldaten ooit was toegestaan te roken. 'Dat was een fout,' zei hij in 1942, 'toe te wijzen aan de militaire gezaghebbers van dat moment.'

Antirookpropaganda van de nazi's.

De nazi's zetten een uitgebreide antirookcampagne op touw: de tabaksepidemie in Europa is de schuld van het Joods kapitalisme. Roken wordt op posters verbeeld als een gewoonte die geliefd is bij homoseksuelen, Joden, negers en communisten. De verkwisting wordt weergegeven met een plaatje van een Volkswagen Kever, omgeven door rook: '2 Millionen KdF-Wagen *verpafft.*'

Naast het verspreiden van posters wordt er voorlichting op scholen gegeven, en op veel plaatsen worden rookverboden afge-kondigd of wordt geadviseerd niet te roken, zoals in postkantoren,

Een marinier geeft een sigaret aan een Japanse
soldaat die begraven ligt in het zand, 1945.

ziekenhuizen en andere overheidsgebouwen.

In 1941 wordt met veel tamtam een wetenschappelijk instituut voor onderzoek naar tabaksgevaar geopend. Het centrum is gekoppeld aan de universiteit van Jena, en kan zodoende gebruikmaken van de aanwezige knowhow uit de verschillende takken van de wetenschap. Het centrum levert in de loop der jaren naast een propagandafilm ook relevante studies naar de gevaren van tabak. De leiding is in handen van de fysicus en ss-officier Karel Astel. Hij is al sinds 1930 partijlid, fanatiek antisemiet én een militant antiroker. Hij verbiedt het roken in en om de universiteit; hij maakt er een gewoonte van om op verbaasde rokers af te stappen om ze hun sigaret uit de mond te trekken en doormidden te breken.

Vanaf 1943 mogen kinderen jonger dan achttien jaar niet in het openbaar roken en een jaar later geldt een rookverbod in bussen en treinen. Advertenties worden op tal van plaatsen verboden, en bovendien zijn posters die veronderstellen dat roken iets mannelijks is, niet toegestaan. Net als het uitbeelden van rokende sporters, piloten of autocoureurs.

De nazi's richten zich speciaal op vrouwen en meisjes, met de weinig subtiele slogan 'Die deutsche Frau raucht nicht!'. Zij moeten immers zorgen voor gezond Germaans nageslacht. Vrouwen in de Wehrmacht ontvangen geen sigaretten, en de Bund Deutscher Mädel voert een actieve antirookcampagne gericht op haar jonge leden.

Dat laat overigens onverlet dat het ideaalbeeld van de Duitse vrouw, Gertrud Scholtz-Klink, door Hitler benoemd als aanvoerster van de Nationalsozialistische Frauenschaft, zelf rookt. Dat stelt een Nederlandse reporter op Schiphol met eigen ogen en gevoel voor sensatie vast. Als Scholtz in 1939 op doorreis is in Nederland, na een diner in Londen met de Engels-Duitse Broederschap, schrijft hij: 'Zij moge dan volgens de Engelsche dagbladen een zoodanig "ideale" vrouw zijn, dat zij rookt, noch drinkt, maar op Schiphol kwam toch een doosje sigaretten uit haar taschje. Zij stak er een op, waarvan zij den rook met kennelijk welbehagen inhaleerde.'

De Amerikaanse historicus Robert Proctor poneert de stelling dat het Duitse antirookbeleid wel eens een positief effect kan hebben gehad. Het bewijs is moeilijk te leveren, zo schrijft hij in *Golden Holocaust*, omdat niet bekend is hoe weinig Duitse vrouwen rookten tijdens de naziperiode. Maar uit naoorlogse cijfers blijkt dat kankergerelateerde sterfgevallen onder West-Duitse vrouwen daalden. Het aantal Amerikaanse vrouwen met longkanker steeg tussen 1952 en 1990 met een factor zes, voor Duitse vrouwen gold 'slechts' een verdubbeling.

Toch is de sigarettenconsumptie sinds het begin van het naziregime sterk toegenomen: van dertig miljard stuks in 1925 tot tachtig miljard in 1942. Dat is vooral te danken aan de economische groei die Duitsland doormaakt, gestimuleerd door torenhoge overheidsuitgaven aan de oorlogsindustrie, werkverschaffingsprojecten en de aanleg van snelwegen. De opgeleefde Duitser steekt in 1939 gemiddeld 900 sigaretten op, tegen 570 stuks in 1932. Bij de Fransen betreft de stijging in dezelfde periode slechts zestig stuks, naar 630 per jaar. De populariteit van sigaretten onder sommige Duitsers wordt door Proctor ook wel beschreven als een culturele daad van protest: stiekem naar jazz luisteren en sigaretjes roken, als lange neus naar de macho-ideologie van de nationaalsocialisten en fascisten.

Ondanks een enorme verhoging van de accijns op tabak aan het eind van de oorlog en pogingen om roken binnen het leger te ontmoedigen, is de harde conclusie dat het aantal rokers onder de Duitse soldaten met veertien procent is toegenomen. Geallieerde krijgsgevangenen die Engelse en Amerikaanse sigaretten ontvangen in hun Rode Kruispakketten, kunnen er volgens de verhalen de meest fanatieke nazibewakers mee omkopen.

Het aantal straf rokende soldaten blijft niet onopgemerkt; een patholoog stelt vast dat degenen die aan het front sterven aan een hartaanval, vaak enthousiaste rokers zijn. Pas als de oorlog is afgelopen en Duitsland zijn *Stunde Null*, het absolute dieptepunt, beleeft, daalt de Duitse tabaksconsumptie dramatisch. In de Berlijnse bunker waar Hitler zelfmoord pleegt, is de eerste daad van zijn loyale achterblijvers het opsteken van een sigaret.

116

Net als tijdens de Eerste Wereldoorlog is de sigaret ook nu onmisbaar voor de meeste soldaten. De Amerikanen roken Camels, Lucky Strike en Chesterfields; de Engelsen vooral Woodbines, Player's en Gold Flake. Sigarettenfabrikanten zijn verplicht een vijfde deel van hun productie af te staan aan defensie. Af en toe zijn de favoriete merken toch niet voorradig en moet men zich tevreden stellen met van overheidswege beschikbaar gestelde B-garnituur. De fabrikanten spelen in op de populariteit van de sigaret onder de soldaten en hangen de patriot uit. Lucky Strike verandert de kleur van zijn pakjes sigaretten, van groen naar wit, zogenaamd omdat de grondstoffen van het groen nodig zijn voor legerkleding.

De eyecatcher op Times Square van 1941 tot 1966,
het Camel smoke ring billboard.

De verandering van huisstijl wordt verkocht met de slogan: 'Lucky Strike green has gone to war.' In 1941 wordt in New York ook een van de beroemdste openlucht-advertenties aller tijden in gebruik genomen: het Camel smoke ring billboard. Op Times Square blaast een figuur vijftien keer per minuut echte rookcirkels van anderhalve meter omtrek uit. De *Camel man* draagt tijdens de oorlog eerst een leger- en daarna een marine-uniform. Na de oorlog draagt hij weer zijn burgerkloffie en blaast hij tot 1966 200 miljoen rookkringen uit – afkomstig uit een stoomgenerator die het altijd doet. Elke passant en fotograaf is gegrepen door het markante stadsbeeld.

De noodzaak van sigaretten voor alle legeronderdelen wordt algemeen bekend. De rantsoenering ervan krijgt vaak dezelfde prioriteit als medicijnen, schrijft Iain Gately in zijn boek *Tobacco*. Uit Amerikaanse onderzoeken naar de moraal onder de soldaten blijkt dat niet zozeer patriottisme of andere idealen doorslaggevend zijn voor hun motivatie, maar vooral onderlinge kameraadschap en loyaliteit. Het delen van sigaretten speelt daarin een belangrijke rol. Zo beschrijft een Duitse commandant die met zijn manschappen in Stalingrad was ingesloten na een Russische tegenaanval, hoe hij zijn laatste sigaretten rond kerst uitdeelde aan zijn dankbare mannen. 'Ik had zelf niks meer, maar toch was het de mooiste kerst die ik heb meegemaakt.'

Tijdens de Eerste Wereldoorlog schreef een verslaggever: 'Een Russische soldaat zonder sigaretten is een ongelukkig mens.' Dat is decennia later niet veranderd. De communistische strijders hebben naast nicotine recht op een kleine hoeveelheid wodka, mits voorradig natuurlijk. De Duitse soldaten moeten het met minder sigaretten doen dan hun vaders, een wereldoorlog eerder. Dankzij de Führer. Hij zag in dat de sigaretten uit het rantsoen houden geen optie was, maar wilde voorkomen dat er excessief gerookt werd; de gewone soldaten hadden recht op zes sigaretten per dag.

De kampen in Frankrijk waar de Amerikaanse soldaten verblijven worden vaak vernoemd naar de plaats van herkomst van de gelegerde soldaten, zoals Camp New York en Camp Pittsburgh. Het geeft de soldaten een zeker thuisgevoel. Ook worden kampen vernoemd naar sigarettenmerken: Camp Chesterfield, Camp Lucky Strike, Camp Philip Morris. Sigarettenmerken geven de yankees kennelijk net zo'n thuisgevoel als hun plaats van herkomst. Door kampen bijnamen te geven, kent de vijand de exacte locatie niet. En de sigarettenkampen hebben een psychologisch effect: een soldaat zal onbewust het idee hebben dat hij verblijft op een plaats waar zijn geliefde sigaretten in overvloed beschikbaar zijn.

Zelfs de Amerikaanse geheelonthouder generaal Bernard

Montgomery ziet er persoonlijk op toe dat zijn mannen voorafgaand aan de tweede slag om El Alamein in Noord-Afrika – met de slag om Stalingrad beschouwd als een van de keerpunten van de oorlog in geallieerd voordeel – van voldoende sigaretten worden voorzien. Het gebeurt ongetwijfeld met instemming van Winston Churchill. Volgens de overlevering praten Montgomery en Churchill elkaar bij over de manier waarop ze de zware oorlogstijd volhouden. De generaal: 'I do not smoke, I do not drink, I go to bed at ten o'clock except when duty forbids, and I am 100 per cent fit.' Waarop de Britse premier antwoordt: 'I smoke, I drink, I never sleep, and I am 200 per cent fit.'

Overigens wordt Churchill niet lang daarna geveld door een ernstige longontsteking, waarvan hij ternauwernood herstelt. Hij houdt het na de oorlog nog twintig jaar vol en overlijdt pas op negentigjarige leeftijd.

Terwijl in Europa de oorlogsdreiging toeneemt en in ons land de mobilisatie wordt ingevoerd, brengt fabrikant Laurens een vaderlandslievende sigaret op de markt: Taptoe, een pakje voorzien van de driekleur en een gouden bies. Als de Duitsers ons land binnentrekken, krijgt de Haagse sigarettenmaker al gauw bezoek van de bezetter, schrijft Hans Pars. 'Uit de omgeving van Rotterdam kwam een heel legercorps naar Den Haag. Bij de fabriek op de Rijswijkseweg aangekomen, kon een aantal officieren de verleiding niet weerstaan om manschappen naar binnen te sturen om sigaretten te vorderen.'

Tijdens de bezetting zijn sigaretten in Nederland al gauw schaars goed. De toevoer van tabak, zoals uit Nederlands-Indië, via de havens van Rotterdam en Antwerpen, ligt helemaal stil. De goedkoopste sigaretten zijn al gauw twee keer zo duur als voor de oorlog. Sigarettenfabrikanten ruiken geld. Ze lanceren nieuwe, duurdere merken, waarvoor ze oude tabaksvoorraden gebruiken, die oorspronkelijk bestemd waren voor goedkope sigaretten.

De overheid grijpt in en roept in 1941 het Rijksbureau voor Tabak in het leven. De aanwezige voorraad tabak wordt in kaart gebracht en de fabrikanten krijgen een hoeveelheid toebedeeld die gebaseerd is op hun omzet in 1939. Er komt een verbod op het introduceren van nieuwe merken, en de hoeveelheden en de prijsklassen waarin de fabrikanten mogen produceren worden van bovenaf vastgelegd. Al gauw wordt ook de accijns op sigaretten verhoogd, met zogeheten opcenten, die vermeld staan op de pakjes.

Gedreven door de behoefte om te roken en de wetenschap dat tabak een hoge straatwaarde heeft, proberen sommige Nederlanders natuurlijk zelf tabak te telen. Opnieuw bemoeit de overheid zich ermee. Verspilling van landbouwgrond is uit den boze, maar burgers mogen op hun eigen grond, met een maximum van tien bij tien meter, wel tabak verbouwen. Zo wordt in menig volkstuintje een hoekje gereserveerd voor de teelt ervan. Om het te mogen verbouwen moet je vanaf 1941 in het bezit zijn van een plantvergunning voor tabak.

Om de tabaksbladeren te laten fermenteren – waarbij ze worden gebundeld en op een stapel gelegd, waardoor de tabak gaat broeien – heb je een flinke hoeveelheid nodig. En dat hebben de particulieren niet. Telers kunnen hun tabak daarom per post inleveren bij tien geselecteerde fabrieken in het land, zoals Dobbelmann in Waddinxveen (de fabriek in Rotterdam werd op 10 mei 1940 gebombardeerd) of Turmac in Zevenaar. Daar wordt de tabak bewerkt, en de teler krijgt zeventig procent van het ingeleverde gewicht terug als shag of sigaretten. De rijksoverheid laat voor dit doel zelfs een informatiefilm maken om te laten zien hoe je op de juiste wijze tabak moet telen.

De behoefte aan tabak zorgt voor een opleving van het verbouwen ervan in de omgeving van Rhenen, Amerongen, de Betuwe en Amersfoort, waar de tabaksteelt teruggaat tot de zeventiende eeuw. Het was in vroeger eeuwen een florerende agrarische business, maar de tabak van eigen bodem was niet geschikt voor de sigaar en sigaret – wel voor de pijp en als snuif- en pruimtabak.

De eigen kweek wordt onder de naam 'Amateurs Sigaretten' op de markt gebracht. Ze zijn behoorlijk populair en kosten vijftig cent per pakje, maar op de zwarte markt brengen ze wel het tienvoudige op. Het opschrift 'Uitsluitend bestemd voor eigen gebruik' haalt weinig uit. Ook de bezetter rookt de 'amateurtjes' graag. De Laurens-fabriek in Den Haag krijgt regelmatig de Sicherheitsdienst op bezoek, om te zien of er nog geschikt personeel voor tewerkstelling in Duitsland rondloopt. Na afloop van zulke inspecties, zo schrijft Hans Pars, belonen de SD'ers zichzelf vaak met gratis sigaretten, die zo nodig 'met het pistool op tafel' worden opgeëist. De directie waarschuwt ook het eigen personeel: bij diefstal volgt aangifte bij de politie en zou het voltallige personeel het recht op gratis sigaretten – aan het eind van de werkweek – verliezen. Dat wil niemand op zijn geweten hebben, zou je denken, maar de behoefte aan tabak wint het van de zelfbeheersing. Bij een diefstal in 1941 volgt inderdaad aangifte, maar directeur Jacobs kan het toch niet over zijn hart verkrijgen om het personeel daarvoor collectief te straffen.

Natuurlijk onttrekt menig Hollander zich aan de verplichting om de eigenteelttabak centraal te laten verwerken. Ze gaan zelf aan de slag. 'Iedereen die een beetje tuin had, verbouwde wel wat tabak en de geur was tenminste veel beter dan die van de zogenaamde "blazertjes" die van een soort heidedoppen waren gemaakt,' vertelt een ooggetuige. De thuiskwekers doen er alles aan om de smaak en geur te verbeteren. Er wordt zelfs puddingpoeder met een 'Virginia-smaak' tussen de bladeren gestrooid, om de zoete herinnering aan een echte Amerikaanse sigaret tot leven te wekken.

Tot verbazing van de amateurkwekers groeit de tabaksplant in Nederlandse volkstuintjes en broeibakken als kool. 'Al gauw waren de planten zo'n twee meter hoog. In de zomer, als het onderste blad geel begon te worden, werden de grootste bladeren geplukt. Bij mijn grootvader in de schuur werden ze te drogen gehangen. Zodra ze voldoende gedroogd waren, kon je de mooiste bladeren eraf halen, van de nerven ontdoen en oprollen. Met een scherp mesje werden heel dunne plakjes van de rol afgesneden. Dat plukte je een beetje uit elkaar en je had shag voor sigaret of pijp.'

'Het was wonderlijk, dat op de veenachtige grond langs de spoorbaan de tabaksplanten toch vrij goed groeiden,' zo liet een andere oogge- tuige door het Rotterdams Oorlogsverzetsmuseum optekenen. 'Het ongeduld was zo groot, dat nauwelijks gewacht kon worden totdat de bladeren rijp voor de oogst waren. Toen er geen tabaksbladeren meer waren omdat de schooltuinen langs de spoorbaan niet meer toegankelijk waren, werd sla als grondstof genomen. Als het maar rookte en stonk.'

Vloeipapier is ook al snel schaars. Er wordt krantenpapier gebruikt, maar het beste alternatief blijken de dunne bladzijden uit oude psalmboekjes. 'Je hoorde wel eens vragen: "Wat voor merk rook jij?" waarop het antwoord bijvoorbeeld was: "Ik heb nu Psalm 26."'

De meeste illegale tabak van eigen bodem wordt niet gefermenteerd en behandeld, waardoor de rokertjes behoorlijk stinken. En een eigenteeltsigaret moet soms wel tien keer worden aangestoken om hem op te roken, zo belabberd is de kwaliteit. Maar het is tenminste echte tabak, en daar gaat het om.

Ondanks de regulerende maatregelen van het Rijksbureau voor Tabak blijft de schaarste toenemen. De prijs stijgt ook enorm: in 1941 wordt de accijns verhoogd naar 130 procent. De goedkoopste sigaretten zijn op dat moment twee keer zo duur als voor het uitbreken van de oorlog.

Op 17 mei 1942 gebeurt het onvermijdelijke: de sigaret gaat op de bon. Iedere Nederlandse man vanaf achttien jaar heeft recht op veertig sigaretten per week. Vrouwen hebben ook recht op dat aantal, maar dan pas vanaf hun vijfentwintigste. Om de bevolking een hart onder de riem te steken, droppen Engelse vliegtuigjes intussen oranje pakjes sigaretten, met het opschrift: 'Nederland zal herrijzen!' En op de zijkant: 'Oranje zal overwinnen!'

De sigarettenfabrieken in Nederland liggen na verloop van tijd nagenoeg stil. In 1942 sluit Ardath in Dordrecht noodgedwongen haar deuren. Als ontslagvergoeding krijgt elk personeelslid een doos met daarin vijfduizend sigaretten mee. In 1943 zijn de bekende merken niet meer te krijgen en worden alle fabrikanten verplicht dezelfde sigaret van dezelfde tabak te produceren, de Consi. Dat staat voor Concentratie Nederlandse Sigarettenindustrie. Een krant roept haar lezers op een wat fantasievollere naam te bedenken voor de staatssigaret. Namen als 'Neerlandia', 'Vrede' en 'Holland-sigaret' halen de gecensureerde krantenkolom.

De Consi wordt door sommigen verafschuwd, al vindt menigeen het beter dan niks. Men smacht natuurlijk naar het echte werk. 'Maar, zo schrijft een redacteur in de *Maasbode*, 'een echte sigaar, een goede sigaret, is een onbetaalbaar bezit geworden als de Hollandsche tulp uit de dagen van den historischen windhandel.' Voor de vermogende Nederlander zijn op de zwarte markt sigaretten te krijgen afkomstig van de *Sondermischung*; kwaliteitssigaretten bestemd voor Duitse officieren. De prijs van zo'n pakje kon oplopen tot tientallen guldens. Aan het eind van de oorlog loopt de prijs zelfs nog verder op. 'Ik herinner me een illegaal trouwfeestje in een groot Amsterdams hotel,' zo verhaalt een lezer die een handeltje dreef in tabak, in *Tussen de rails* in 1955. 'Biefstuk met zuurkool – en m'n huwelijksgeschenk aan de bruidegom: twee doosjes Duitse sigaretten. Honderd gulden. Een koopje. Want Consi deed begin '45 tachtig pop [studententaal voor gulden].'

Naarmate de oorlog vordert, moet dus ook voor de eenvoudigste sigaretten een klein vermogen worden neergelegd. Velen 'verdienen' dat met de zwarte handel, vooral door spullen uit huizen van gevluchte NSB'ers te verkopen, beschrijft Henk Hofland in zijn essay 'Drank en tabak'. 'Voorzover ik me herinner braken we toen in alsof we ons leven lang niets anders hadden gedaan. De meest ondernemende makkers hadden op het hoogtepunt van de bedrijvigheid een paard-en-wagen voor het transport van de zwaardere artikelen. Met al het geld werden shag en sigaretten gekocht.' De zwarte handel bood Hofland overigens onvoldoende soelaas: 'In 1945 heb ik mijn elektrische trein geruild tegen een pakje Burleigh.'

Uit Vlaamse dorpjes wordt Belgische shag ons land binnengesmokkeld. Het is donkere shag, die zorgt voor een regelrechte aanslag op de longen. Boze tongen beweren dat hij wordt gewonnen uit oude matrassen. Schrijver Herman Pieter de Boer vertelt in *Nosmo King en andere wonderen* hoe hij als jongetje in het diepst van de Hongerwinter met een gulden op pad werd gestuurd naar 'een adresje' waar ze deze shag verkocht. *'In spionage-achtige sfeer belde ik tweemaal lang en tweemaal kort, dan ging er een raampje open in de deur. "Vier," zei ik en stak de gulden door het gat. Een mager klauwhandje griste hem weg. Even later kwam het handje terug met vier gerolde shagjes.'*

Voor de familie van strijders aan het Oostfront komen er in

123

1943 opeens goede sigaretten voorhanden. De uitstekende tabak komt uit Oekraïne, op dat moment Duits bezet gebied. De sigaretten worden onder de naam Ukraïne in de handel gebracht, en met speciale bonnen kunnen deze bij NSB-sigarenwinkeliers worden verkregen. Een jaar later is het uit met deze foute rookpret, als de Russen Oekraïne op de Duitsers heroveren.

Als de Hongerwinter uitbreekt en in de noordelijke provincies de laatste tabaksrantsoenen worden uitgereikt, zakt de eigen teelt door een kwalitatieve ondergrens. Gemalen cacaodoppen, gedroogde kersenbladeren, gedroogde boerenkool, surrogaatthee; alles wat maar enigszins in de longen kan worden geïnhaleerd gaat in brand. Zelfs lege pijpen worden aangestoken, 'waarvan de tabakslucht alleen nog zoete reminiscenties wist op te wekken aan betere rokerstijden'.

Als de oorlogsellende na vijf jaar eindelijk voorbij is, verblijden de geallieerde soldaten het Nederlandse volk met sigaretten. 'Naar ons, eindelijk verlost van het gehate moffenjuk, is de Engelsche sigaret toe gewimpeld als de welkome witte vredesvlag,' jubelt een roker in de krant. 'De Engelsche sigaret is onze moderne vredespijp geworden. Een hemelgave, de Engelsche sigaret. Een panacee tegen alle geleden leed en lijden, een neus- en oogentroost voor alle ervaren ontbering. Wat een kostelijk product, wat een weergaloos fabrikaat. Recht van lijf en leden, glad en gaaf, slank en blank. Zonder rimpel, kreukel, vlek en smet. Blanke huid. Gouden hart van zuivere blonde tabak.'

Herman Pieter de Boer vertelt hoe hij in die dagen met zijn vriendje Lars aan de rand van Bussum in een greppel lag. 'Als er Canadese wagens langskwamen, sprongen we vrolijk tevoorschijn en maakten we v-tekens. De soldaten wierpen ons dingen toe, chocola, kauwgom, iets uit hun rantsoen. Plotseling gooide er eentje sigaretten! Daar stond ik, met een heuse Player in mijn hand. Het roken begint, zei ik tegen Lars.'

Er ontstaat een levendige zwarte handel in bijeen gebedelde Engelse en Amerikaanse sigaretten. Op straat staan mannen en vrouwen met doosjes in hun hand, tegen woekerprijzen zijn kwaliteitssigaretten te verkrijgen. Het illegale *Parool*, dat in 1944 rond Leiden verspreid wordt, heeft voor de bezette bevolking een waardevolle tip met het oog op de gehoopte aanstaande bevrijding: 'Een ons in handen gespeelde brief uit bevrijd Nederland bevat de volgende verpletterende mededeling: 'Stel je voor – we ruilen hier bij de Engelsche soldaten Consi's voor Players. Ze vinden ons regeeringssaffie *the mildest "sig" of the world*.'

Na korte tijd worden sommige geallieerde soldaten iets spaarzamer met het uitdelen van hun sigaretten. Sommige kinderhanden blijven leeg, met de mededeling: 'No smoke for pappie.' 'Sommigen hadden waarschijnlijk ook met hun sigaretten iets anders in den zin,' herinnert een inwoner van Dordrecht zich in de lokale krant, 'want een overbekend jongensversje luidde:

"Een meid die met de Canadezen vrijt
Die is niet beter dan een moffenmeid,
Een pakje sigaretten en een reep chocola
En het is voor mekaar."'

Er zijn meer verhalen die erop duiden dat de Canadezen niet uitsluitend goedgeefse uitdelers zijn. Sommigen ontpoppen zich als woekeraars, net zoals sommige boeren op het platteland misbruik maakten van de hongerige bevolking. 'Zes pakjes Sweet Caporal kon ik krijgen voor mijn juweel van een camera,' vertelt Maurits Dekker in *Tussen de Rails*. 'Dit was mij te bar en voor één keer won mijn verontwaardiging het van mijn liefde. Ik weigerde standvastig. Ook dit keer werd de deugd beloond, toen een andere soldaat mij even later drie pakjes sigaretten voor mijn polshorloge gaf.'

Als de bezetter definitief verslagen is, is de tabaksschaarste natuurlijk niet meteen voorbij. De productie- en distributievoorschriften blijven drie jaar na de oorlog van kracht. Wel komt er een grote partij tabak van overzee ons land binnen, en wel vanuit Rhodesië.

Gedreven door de populariteit van importtabak brengt de overheid in 1947 miljoenen 'Volksherstel-sigaretten' op de markt: sigaretten van buitenlandse makelij die zonder bon, maar mét een liefdadigheidstoeslag van drie gulden, op de markt worden gebracht. Van de opbrengst wordt onder meer textiel voor de ernstig getroffen gebieden – vooral in het noorden van het land heerst schaarste – aangeschaft. Drie gulden, dat is een vermogen voor de gewone man, en mede daarom zijn de sigaretten voor het goede doel niet erg populair. Door de aantrekkende handel worden 'gewone' importsigaretten ook steeds goedkoper, en neemt de behoefte om dure, extra belaste sigaretten te kopen, verder af.

Canadese soldaat deelt sigaretten uit aan een groep begerige Nederlandse mannen in mei 1945.

De door de overheid geïmporteerde Oriëntsigaretten, of Egyptische sigaretten, verkopen helemaal slecht; de Nederlander geeft de voorkeur aan Engelse (Virginia) en Amerikaanse sigaretten. Deze trend is voor de oorlog al ingezet, en zet na de bevrijding door. De Oosterse, ovale sigaret, gevuld met tabak uit Turkije en Oost-Europa, droogt wat sneller uit. De Amerikaanse tabak is een mengeling van Oriënt- en Virginia-tabak. Deze American Blend-sigaretten worden bewerkt met verschillende stoffen. Bij dit geheime proces van *casing* en *flavouring* worden tientallen liters pure alcohol – in tijden van schaarste: spiritus –, rum en suiker verbruikt. Dat laatste om te voorkomen dat de roker naar de alcohol gaat ruiken. Voor de smaak worden stoffen als cacao, drop, honing en oliën toegevoegd.

BAT brengt in ons land de merken North State en Wings op de markt – naast de Engelse merken Pirate, Players en Miss Blanche. Vooral met dat laatste merk doet BAT goede zaken. Een Hollandse fabrikant als Laurens, die vrijwel uitsluitend Oosterse sigaretten verkocht, moet noodgedwongen een switch maken. Na de oorlog brengt Laurens steeds meer sigaretten van Virginia-tabak op de markt, waaronder het populaire Golden Fiction.

De popen de Amerikaanse sigaret is ook onderwerp van discussie bij de besprekingen over de besteding van de Marshallhulp. Het zou volgens een Amerikaanse gezant een goede zaak zijn om een fiks deel hiervan voor het inkopen van Virginia-tabak te reserveren. De Nederlandse zaakgelastigde wijst erop dat de grote voorraad Turkse tabak eerst maar eens opgemaakt moet worden, en dat de dure dollars aan nuttiger zaken moeten worden besteed. Toch bestaat één van de 12,5 miljard dollar steun in de vorm van goederen van de Verenigde Staten aan Europa uit tabak. *De Waarheid*, het partijblad van de Communistische Partij Nederland, zegt in 1948 te weten waarom de Amerikanen de Marshallhulp dolgraag in tabak willen uitkeren. Ze zitten namelijk met een enorm overschot, omdat ze zich hebben verplicht de naoorlogse voorraden bij de fabrikanten op te kopen. Die voorraad van zo'n 227 miljoen kilo dreigt te verpieteren en de fabrieken kunnen hun personeel niet aan het werk houden. Ze hebben een plan: de opgeslagen tabak zou door de Amerikaanse fabrieken gezamenlijk tot een 'standaardsigaret' van lage kwaliteit worden verwerkt, die onder de naam *Friendship cigarettes* in Europa zouden kunnen worden gedumpt. 'Volgens de regel: Geeft uw vrienden, wat u kwijt wilt zijn,' sneert het partijblad, dat niet vermeldt dat het plan nooit ten uitvoer is gebracht.

De Nederlandse thuisteelt sterft intussen uit, maar de professionele binnenlandse productie blijft in de jaren na de oorlog op een vrij hoog niveau staan, totdat in 1959 een schimmelziekte toeslaat, bekend onder de naam *blue mold*. Er zijn op dat moment nog een kleine tweehonderd tabakstelers in ons land actief en de schimmelziekte, gecombineerd met de droogte die dat jaar een slechte oogst veroorzaakt, betekent voor hen de nekslag. 'In tegenstelling

127

tot hun collega's in België en Duitsland, kregen zij geen steun of subsidie van de nationale overheid,' schrijft Bracco Gartner op zijn website tabakshistorie.nl.

Hetzelfde geldt voor onze oosterburen, waar de sigaret zelfs zo'n schaars en gewild goed is dat Amerikaanse sigaretten als betaalmiddel worden gebruikt. In het naoorlogse Berlijn wordt tabak verbouwd op de grond waar ooit grote rijksgebouwen torenden. Men kan voor duizend sigaretten een verrekijker of fototoestel kopen. Entree tot nachtclubs en champagne worden eveneens verkregen via de sigaret. Een broodje biefstuk: twintig sigaretten.

Er is zowel in Nederland als in Duitsland een levendige smokkelhandel. In Duitsland worden tot ver na de oorlog honderden miljoenen Amerikaanse en Zwitserse sigaretten het land in gesmokkeld. Na verloop van tijd komt ook vanuit ons land de zwarte handel naar Duitsland op gang. De overige illegale handel verloopt via België en de haven van Rotterdam. Daarbij worden volgens politieverslagen zelfs 'snelvarende motorboten' ingezet, waarmee de smokkelaars de politie gemakkelijk te snel af zijn.

De oosterburen kennen kort na de oorlog ook hun eigen variant van bukshag. Een Amerikaanse reporter vertelt bij terugkomst uit het geruïneerde Berlijn dat twee derde van de stadsbevolking peuken raapt, en dat een *Kippe* als betaalmiddel dienst doet. 'Rook een sigaret op straat en je zult zien dat zich binnen een mum van tijd een klein gezelschap van kinderen, oudjes en zelfs gewone mannen om je heen verzamelt, klaar om zich op de peuk te storten die je op de grond zult gooien. In de Parijse straten doet zich hetzelfde fenomeen voor. De Franse clochards rapen *mégots*, maar hun straathandel is minder goed georganiseerd.

Sultans, pausen en koningen slaagden er in een ver verleden zelfs met angstaanjagende repressie niet in om tabak uit te bannen. Daarom, zo stelt de historicus Count Corti al in 1931 in *A History of Smoking*, 'kunnen we gevoeglijk aannemen dat soortgelijke pogingen heden ten dage, nu de rookgewoonte zulke gigantische proporties heeft aangenomen, zullen uitlopen op een zwaar fiasco'. Hij kreeg gelijk, gezien de mislukte pogingen van het naziregime een aantal jaar later: de antiroker Hitler legde het af tegen het rokende driemanschap Stalin, Roosevelt en Churchill.

Publicist Martin van Amerongen filosofeerde ook over de vraag waarom zoveel despoten tegen roken zijn. 'Omdat roken in diepste wezen een democratische daad is. Rokend en drinkend, samenscholend en debatterend, werden alle mensen broeders en dat ziet de doorsnee-dictator niet graag.'

Zo bezien symboliseert de sigaret de overwinning van de democratie op het nazisme en fascisme. Net als de Eerste Wereldoorlog, zorgt ook de Tweede Wereldoorlog voor de popularisering van de Engelse en Amerikaanse tabaksmelanges. 'Het vuur van de oorlog en het vuur van de sigaret grijpen in de twintigste eeuw dus hand in hand om zich heen,' schrijft Rogier Ormeling in *Rookgordijnen*. 'Tot tweemaal toe worden door Europese naties aangestoken wereldbranden door het vuur van Amerikaanse kanonnen en sigaretten geblust.'

In het zelfbenoemde *land of the free*, de Verenigde Staten, is er in ieder geval geen sprake meer van een serieus antirookbeleid, terwijl vóór de oorlog nog allerlei beperkende maatregelen werden genomen. Dat komt mede door de weerstand die gezondheidsclubs en moraalpredikers – door Van Amerongen 'het anti-lustbeleving-actionisme' genoemd – hebben opgeroepen. Jarenlang hebben die het roken van sigaretten in verband gebracht met onzedelijk gedrag en ander moreel verval, zoals criminaliteit. Maar wat blijkt? Masturbatie leidt niet tot blindheid en het opheffen van de drooglegging heeft niet geleid tot het instorten van de gehele natie. Zo is roken ook niet de wortel van alle kwaad gebleken.

Het momentum van de antirooklobby is allang voorbij, en niet alleen in de Verenigde Staten.

EEN OPENHARTIGE VERKLARING
AAN SIGARETTENROKERS

De sigaret verliest zijn onschuld

Op 1 juli 1949 gaat de sigaret in Nederland eindelijk van de bon. De opmars van de sigaret zet na de oorlog, net als in de andere westerse landen, ook in Nederland door. Vrijwel iedere gezonde man rookt. In de oorlog is de Nederlander het roken van sigaren wegens schaarste verleerd, zo lijkt het. De sigaret is overal en de maatschappij past zich eraan aan. Er wordt niet alleen gerookt op straat, maar ook in winkels, in bus en trein, in fabrieken en op kantoor. Het dagelijks leven en werken wordt aangepast aan het roken van sigaretten. 'Op mijn zeventiende ging ik werken als assistent-accountant,' schrijft auteur Hans Vervoort. 'Het was 1956. Op kantoor rookte iedereen en het was een vaste gewoonte elkaar sigaretten te presenteren. Je rookte dus altijd in het tempo van de snelste en je rookte allerlei merken door elkaar.'

In haar beroemde etiquetteboek *Hoe hoort het eigenlijk?* schrijft Amy Groskamp-ten Have hoe belangrijk het is om genereus te zijn met sigaretten. 'Hij die in gezelschap van een of meer anderen wenst te roken, dient ook de anderen te presenteren.' Je kunt er ook gerust van uitgaan dat de gastheer of -vrouw tabak in huis heeft. 'Zij die verschillende gasten hebben uitgenodigd, dienen minstens twee of drie soorten sigaretten voorradig te hebben om te presenteren.' Maar als dat niet zo is, dan moet je niet vragen of je je eigen sigaretten mag opsteken. 'Slechts wanneer men zogenaamd kind-aan-huis is kan men dit doen.'

Net als vóór de oorlog, wordt in artikelen uitgebreid de loftrompet gestoken over de sigaret. In *Tussen de rails* schrijft Henri Knap in 1955: 'Twee Wereldoorlogen zijn niet ongemerkt aan de mens van heden voorbij gegaan; het atoomtijdperk heeft nieuwe angsten aan bestaande toegevoegd [...] Het lawaai van het verkeer, het gejacht tegen de onverbiddelijke wijzers van de klok, het rhytmisch-herhaalde gezeur van telefoonschellen, een toenemend weten ook van de problematiek van de eigen psyche – dit alles heeft de behoefte én aan prikkels én aan kalmerende middelen doen stijgen tot een duizelingwekkende hoogte. Prikkels – daartoe behoren niet alleen bioscoop en sportstadion, maar ook de alcohol. En roken, dat tegelijk prikkel is en kalmerend middel, door de tegelijk stimulerende en afleidende werking.'

Miss Blanche, ook wel bekend als
'het meisje van de straat'.

Na de oorlog is op elke straathoek wel een tabakswinkelier te vinden. Ze verkopen in die dagen vooral populaire Engelse merken, zoals Miss Blanche. Het beeldmerk hiervan, een rokende vrouw met hoed, komt van de Hongaars-Nederlandse beeldend kunstenaar Vilmos Huszár. Hij is vooral bekend als lid van kunstbeweging De Stijl en legde eer in zijn ontwerpklus voor de sigarettenfabrikant, getuige deze uitspraak: 'Wie in "Kunst voor het Volk" gelooft, heeft geen beter middel ter bereiking van zijn doel dan de reclamekunst.'

Miss Blanche – door de man in de straat uitgesproken als 'Misblans' – wordt ook wel 'het meisje van de straat' genoemd, omdat de weggeworpen verpakking overal op straat te vinden is. De nu eens platinablonde, dan weer donkergelokte Miss op het gele doosje wordt met het jaar sexyer afgebeeld, uit angst om voor ouderwets te worden versleten.

Andere grote merken van weleer zijn Golden Fiction ('Gooldefiks'), Chief Whip ('Sjiewip'), Hunter, Old Mac en Arsenal. Niet dat het voor de middenstanders een vetpot is, vertelt Louis Bracco Gartner, tabakshistoricus en tabakswinkelier in ruste. Hij nam in de jaren zestig de zaak van zijn schoonouders over, in de Delftse wijk Hof van Delft. Hij weet hoe zwaar zijn schoonfamilie het had. 'De marges waren zó klein. Nog geen tien cent per pakje hielden ze eraan over. En de concurrentie was groot: alleen al in Delft waren er wel tachtig sigarenboeren. Op elke hoek zat een zaak. Ook al werd er veel gerookt, je werd er niet rijk van.' En de winkeliers waren in die tijd concurrenten, geen collega's, aldus Bracco Gartner. 'Ik herinner me een winkelier die elke ochtend naar zijn "vijand" op de hoek liep, om te zien wat voor 'n aanbiedingen hij had. Om daarop zijn eigen prijzen aan te passen. Men gunde elkaar het licht in de ogen niet.'

De tabaksindustrie doet hierbij goede zaken. *De Waarheid* kopt in 1957 dat de productiekosten van een pakje van 85 cent slechts acht cent bedragen. De winkeliers strijken per pakje een dubbeltje op, de staat vangt veertig cent aan accijns. De rest is voor de fabrikanten en die zijn dus spekkoper, concludeert het communistische partijblad: 'Wij aarzelen niet te zeggen, dat men hier te maken heeft met een complot tegen de consumenten en een der meest winstgevende zaakjes, die de kapitalistische maatschappij ooit heeft bedacht.'

De becijfering van *De Waarheid* lijkt wel te kloppen, stelt Louis Bracco Gartner, al is men vergeten te melden dat de groothandel er nog tussen zit, met een paar procent van de marge. Volgens Bracco Gartner hebben de middenstanders, bij monde van brancheorganisatie voor de tabaksdetailhandel NSO, decennialang verbeten en vergeefs gestreden voor betere marges. Volgens de tabakshistoricus is de situatie tot op de dag van vandaag nooit veranderd en geldt voor buitenlandse winkeliers hetzelfde als in Nederland.

In *De avonden* van Gerard Reve is het roken van een sjekkie een van de weinige geneugten in het eentonige leven van hoofdpersoon

Frits van Egters, kort na de oorlog. '"U hoort thans de cantate voor de tweede kerstdag van Johann Sebastiaan Bach," zei de oproeper. Frits stemde het toestel zuiver af, holde naar zijn slaapkamer, kwam met zijn shagdoos terug en rolde, op de divan gezeten, zo snel een sigaret, dat hij deze kan aansteken op het ogenblik, dat het onregelmatige geraas van het stemmen van muziekinstrumenten had opgehouden en hij het tikje van de dirigent hoorde. "Nu ben ik gelukkig," zei hij hardop.'

Het roken is ook onderwerp van een van de vele kleine irritaties tussen vader en zoon. Frits grist zijn shagdoos onder de handen van zijn vader vandaan als deze zijn pijp wil stoppen: 'Shag hoort niet in een pijp. Sigaretten draai ik voor iedereen, zoveel ze maar willen, maar als er iemand met een pijp komt, heb ik het gevoel dat het weggegooid wordt. Op kantoor ook. Ze mogen altijd van mijn tabak draaien, maar als ze met een pijp komen, zeg ik: nee.' "Ik vind het ziekelijk," zei zijn vader.'

In de cinema is de sigaret ook alomtegenwoordig. *Casablanca* uit 1942 wordt wel beschouwd als de meest doorrookte film aller tijden. Hierin is het Amerikaanse oorlogsdilemma – neutraal blijven of niet – verpakt in een liefdesgeschiedenis die zich afspeelt in een Marokkaanse nachtclub. Daar rookt iedereen, hoofdrolspeler en filmicoon Humphrey Bogart voorop. Met zijn rauwe accent en sigaret in de mondhoek is hij de perfecte *coole* roker: vastberaden, dapper, een tikje cynisch misschien. Hij heeft altijd een sigaret in zijn mondhoek, wat jaren later onder wietrokers leidt tot de uitdrukking en het popliedje 'Don't Bogart that joint'. Je zegt het tegen iemand die de joint niet doorgeeft, maar eindeloos in zijn mond houdt: 'Pass it over to me.'

Met de sigaret kunnen in films tal van grote en kleine emoties worden uitgedrukt. Zoals macht en onmacht. Neem de ondervragende nazi in oorlogsfilms, die zijn slachtoffer ten teken van goede wil een sigaret aanbiedt – uit een metalen doosje – om de machtsverhoudingen te onderstrepen. De sigaret symboliseert de macht van de bad guy én good guy. In de oorlogsfilm *The Sands of Iwo Jima* zegt John Wayne tegen zijn gevechtskameraden, als de Japanners na een eindeloze strijd toch verslagen zijn: 'I never felt so good in my life. How about a cigarette?'

Naoorlogse rebellen, zoals John Wayne en Marlon Brando, ontlenen houvast aan sigaretten, ze maskeren er hun onmacht en benadrukken er het generatieconflict met hun ouders mee, schrijft kunsthistoricus Benno Tempel. In Europese films is het beeld niet anders. In het Franse *A bout de souffle* bijvoorbeeld, de doorbraak van het *nouvelle vague*-genre, is Jean-Paul Belmondo bijna niet te zien zonder sigaret in zijn mondhoek. De rokersgeest van die tijd wordt ook bezongen: 'Smoke, smoke, smoke that cigarette' van Merle Davis is in 1947 een grote hit.

De sigaret wordt niet alleen gebruikt om emoties uit te drukken, soms lopen het werkelijke leven en het verbeelde leven gewoonweg in elkaar over. De acteur rookt, dus zijn filmkarakter rookt. Zo stelt filmkenner Annemieke Hendriks dat Humphrey Bogart veel van zijn dialogen in *Casablanca* improviseerde, 'dus waarom niet de bijbehorende handelingen?' Hetzelfde doet zich voor in *Les choses de la vie*, waarin acteur Michel Piccoli zowel op als buiten de set de ene sigaret na de ander rookt. 'Romy Schneider paft aardig mee, maar kan Piccoli's tempo niet bijhouden. Hij rookt zo snel, dat regisseur Sautet geen continuïteitsproblemen kan hebben gehad.'

De allermooiste rookfilm is volgens Hendriks *The Servant* uit 1963. Hierin bedient de onberispelijke butler Barrett (Dirk Bogarde) de rijkaard Tony. 'Maar in de keuken en in zijn slaapkamertje laat Barrett zijn ware gedaante zien. Daar rookt hij, met onheilspellende blik,' schrijft Hendriks. Stapje voor stapje en zonder uit zijn rol te vallen, neemt de butler de regie over in het huis en het leven van zijn baas. 'Elke keer als hij een sigaret opsteekt, is zijn macht in het huis toegenomen. Dan komt het moment dat hij in het bijzijn van Tony durft te roken. Het is de aankondiging van Tony's ondergang...'

De sigaret groeide na de oorlog uit tot het wezenskenmerk van de intellectueel, schrijft Jeroen van Kan in het literair tijdschrift *De Tweede Ronde*. 'De sigaret werd een keurmerk. Wie niet rookte, kon ongetwijfeld ook niet denken.' Waar de naoorlogse kunstenaars, schrijvers, dichters of filosofen elkaar treffen, staat het dan ook blauw van de rook. Fotograaf Ed van der Elsken bezoekt in de jaren vijftig de Parijse kunstenaarsholen en maakt er foto's waarop, in de woorden van journalist Max Pam, te zien is dat 'de rookslierten net zo laag hangen als de mist boven het weiland'. Hannah Arendt stak de ene sigaret met de andere aan, ook Albert Camus rookte non-stop. Van de intellectuele elite is Jean-Paul Sartre in meerdere opzichten de aanvoerder, hij rookt sigaretten – Boyard, de dikste sigaret die er te krijgen is – en pijp. 'Een leven zonder sigaret is iets minder de moeite van het leven waard', is zijn overtuiging. In *L'être et le néant* schrijft hij over zijn pogingen te stoppen met roken: 'Elke gebeurtenis die ik zonder sigaret tegemoet zou treden, zo leek het me, zou fundamenteel verarmd zijn.'

In een van zijn laatste interviews voor zijn dood in 1980, antwoordt hij op de vraag wat hij op dat moment als het belangrijkste in zijn leven beschouwt: 'Ik weet het niet. Alles, leven, roken.'

De Nederlandse avant-garde kan daarbij natuurlijk niet achterblijven. De Vijftigers, Neerlands jongste lichting creatievelingen die het allemaal helemaal anders gaat doen, roken net zo fanatiek als hun gelijkgestemden elders in Europa. Remco Campert en Gerrit Kouwenaar gaan er tot op hoge leeftijd mee door. Campert piekert in *de Volkskrant* geregeld of en hoe hij ervanaf kan komen. Rudy Kousbroek beweerde dat hij aan het proza kan zien of een schrijver rookt of niet.

De vrij- en kunstzinnigen mogen gretige afnemers zijn, de creativiteit van adverteerders en marketeers is allesbepalend voor het stijgende succes van de sigaret. Het imago is belangrijker dan de smaak, en daarom worden er allerlei eigenschappen aan toegeschreven. Het ene merk kalmeert de zenuwen, het andere bevordert de spijsvertering. De sigaret is je beste vriend op moeilijke momenten, of geeft je een zetje in de rug als je moet presteren. In advertenties wordt geappelleerd aan een bepaald levensgevoel of levensgeluk dat in het verschiet ligt. Caballero, dat in 1947 is geïntroduceerd, adverteert met de slogan: 'Er valt nog zoveel te beleven.' Tivoli, een merk voor dames dat wat later wordt geïntroduceerd, schrijft: 'Some girls have more fun.'

Peter Stuyvesant schotelt Nederlanders een paar decennia later bioscoopreclames voor waarin hun het snelle, mondaine New Yorkse leven wordt voorgespiegeld, compleet met straalvliegtuigen, wolkenkrabbers en voortrazend stadsverkeer. 'Peter Stuyvesant,'

Simon Carmiggelt (links, met sigaret in de hand) op een feestje van
Rijk de Gooyer (eveneens met sigaret in de hand) in de jaren vijftig.

zegt de voice-over, 'is de jongste der wereldmerken.' Deze sigaret
is *the international passport to smoking pleasure*. Rook je Peter
Stuyvesant, dan ben je dus een man van de wereld – of op zijn minst
een klein beetje.

Door te kiezen voor een bepaald merk onderscheidt een roker
zich van anderen. Adverteerders versterken de onderscheidende
waarde door de unieke of 'betere' smaak van een merk te benadrukken. Zoals het merk Three Castles: 'Voor distinctie en goede
smaak.' En zo is er voor elk wat wils, iedere stand of klasse heeft zijn
merk. Met dure Lucky Strikes laat je zien dat je portemonnee goed
gevuld is, een Marlboro-roker is een avonturier. Een Chesterfield-
roker is vaak een VVD'er in pak. Huisvrouwen roken Belinda, het
pakje met het blondgelokte meisje erop. 'Belinda is zeventien jaren
jong. Sweet seventeen and never been kissed before,' zo omschrijft
producent BAT haar merk voor de 'prijsbewuste' doelgroep. Vooral
de menthol- en kingsize-varianten zijn bijzonder populair. Jonge
meiden roken Tivoli, Stella is er voor de wat oudere, belezen dames.

Uitzonderingen op de macht van de adverteerders zijn de
schaarse voorbeelden van de lokale populariteit van sommige
merken: North State is alleen populair in het noorden van het land.
En mentholsigaretten doen het lange tijd slecht in het zuiden des
lands, maar juist goed in Groningen.

De sigaret is een 'elastisch' product, zo schrijft historicus Allan
Brandt in *The Cigarette Century*. Roken wordt geassocieerd met
onafhankelijkheid, met kracht en virilitcit van mannen, (seksuele)
aantrekkelijkheid en sociale gelijkwaardigheid van vrouwen. Dat
adverteerders erin slagen de sigaret die veelheid aan eigenschappen
toe te dichten, maakt het product tot zo'n krachtig symbool van
de nieuwe consumptiemaatschappij, aldus Brandt. En de sigaret is
doorgedrongen tot alles wat de nieuwe consumptiemaatschappij
met zich meebrengt, van winkels en warenhuizen tot restaurants
en moderne transportmiddelen.

De alomtegenwoordigheid van de sigaret verklaart ook dat
serieuze weerstand en maatregelen tegen roken lange tijd uitblijven:
de meeste medici roken zelf. Tijdens een landelijke artsenbijeen-
komst in Atlantic City vormen Amerikaanse artsen een lange rij
voor een stand van Philip Morris. Daar worden namelijk gratis

sigaretten uitgedeeld. Camel is ook present; dat merk adverteert al enige jaren met de leus: 'More doctors smoke Camels than any other cigarette.'

Ook in ons land rookt menig dokter. Longarts J. van Voorst Vader: 'Ik studeerde in de jaren dertig geneeskunde. Over roken en gezondheid en de gevaren werd nooit gesproken. Mijn leermeesters waren kettingrokers. Eén ging dood aan een hartaanval, de andere aan longkanker.' Van Voorst Vader maakte jaren later een berekening van het aantal doden als gevolg van roken. Maar zijn vakbroeders nemen hem niet serieus. 'Ik werd weggehoond. Het was de periode waarin ik van iedere longartsenvergadering thuiskwam met zware hoofdpijn door de sigarendampen die in die zaaltjes hingen. Iedereen rookte.'

Overleg op het ministerie van Binnenlandse Zaken, 1963.

Terwijl de nazi's dus al in de jaren dertig en veertig baanbrekend onderzoek verrichtten naar het verband tussen roken en het ontstaan van kanker, komt de discussie in de westerse wereld pas in de jaren vijftig serieus op gang. In 1953 publiceren de Engelse artsen Bradford Hill en Richard Doll een onderzoek waarmee ze al in 1947 waren gestart. Na 2500 patiënten te hebben geïnterviewd stellen ze een statistisch verband vast tussen roken en longkanker.

Het onderzoek stuit op veel kritiek. Natuurlijk van de sigaret-

138

tenindustrie, maar ook van collega-wetenschappers. Sinds eind negentiende eeuw was men in staat om onder de microscoop talloze organismen aan te wijzen als veroorzakers van evenzoveel ziekten. Omgevingsfactoren, sociale gewoonten of leefomstandigheden telden niet langer; hard laboratoriumbewijs moest er zijn. Het maakt het aantonen van de kwalijke gevolgen van roken extra lastig. 'Maar wat voor 'n bewijs wordt er eigenlijk gevraagd?' schrijft onderzoeker Evarts Graham in het medische tijdschrift *The Lancet*. Om de *die hards* te overtuigen, zo stelt hij cynisch vast, zou je een groep mensen bereid moeten vinden om vrijwillig sigarettenteer op hun bronchiën te laten aanbrengen. 'Het liefst gedurende een jaar of twintig. En dat in een ruimte met airconditioning, zodat alle andere oorzaken uitgesloten zijn.'

Graham brengt dit experiment echter wel in de praktijk, zij het in een iets andere vorm. Samen met collega Ernest Wynder smeert hij muizenruggetjes in met teer afkomstig van sigarettenrook. Het resultaat: bij een groot deel van de muizen ontwikkelen zich kankergezwellen. 'Er is niet langer sprake van de *mogelijkheid* dat roken kanker veroorzaakt. Wij hebben het bewezen, van twijfel is geen sprake meer.'

Ook op dit experiment volgt kritiek, maar de onderzoeken volgen elkaar in rap tempo op en deze versterken meer en meer het idee dat er wel degelijk een causaal verband is tussen (long)kanker en roken. Uit een poll onder verschillende groepen medici blijkt dat de niet-rokers onder hen het causaal verband vaker onderschrijven dan de artsen die wel roken. Evarts Graham rookte zelf jarenlang, maar de conclusies van zijn eigen onderzoeken brengen hem ertoe te stoppen. Te laat. In 1957 sterft hij aan longkanker. Hetzelfde lot treft dat jaar de immer rokende Humphrey Bogart.

Als de Britse minister Iain McLeod – zelf kettingroker – in 1954 tijdens een persconferentie bekendmaakt dat er volgens een Britse commissie van deskundigen 'een zekere betrekking tussen roken en longkanker' bestaat, slaat dat nieuws in als een bom. Tabaksaandelen dalen hard op de Londense beurs; korte tijd later zijn ze 160 miljoen gulden minder waard. Volgens een verslaggever ter plekke komt het nieuws bij de burgers aan als een psychologische klap. Op de avond dat de kranten het nieuws brengen is het rustiger dan anders in de tabakswinkels. McLeod, die tijdens de korte persconferentie drie sigaretten rookt, spreekt nog kalmerende woorden: 'Ik wil er echter de aandacht op vestigen, dat er tot dusverre nog geen duidelijke aanwijzing is wat betreft de manier waarop het roken longkanker zou kunnen veroorzaken of de mate waarin het dit doet.' Maar wellicht probeert hij vooral zichzelf gerust te stellen.

Ook in Nederland krijgt het slechte nieuws volop aandacht in de kranten, maar dat vertaalt zich nog niet in lagere verkoopcijfers.

Henk Hofland herinnert zich precies hoe hij op een avond in 1955 in familiaire sfeer gezellig aan de koffie zat en las dat *onomstotelijk statistisch bewezen was* dat roken longkanker veroorzaakt. 'Het bloed verdween uit m'n hoofd, ik werd misselijk, liet niemand iets merken en trok me terug op de wc ter overdenking van mijn toekomst. Ik weet niet meer hoe het is afgelopen, ik bleef roken.'

Maar in de Verenigde Staten dalen de verkoopcijfers wél, voor het eerst in jaren. Het feit dat de publieke opinie zich lijkt te keren leidt tot paniek bij de grote tabaksbazen. Ze besluiten bijeen te komen voor crisisoverleg.

Op een koude winterdag, 14 december 1953, verzamelen de topmannen van American Tobacco Company, Philip Morris, Benson & Hedges en us Tobacco Company zich in het chique Plaza Hotel te New York. Wie ook aanschuift is John Hill, medeoprichter van pr-bureau Hill & Knowlton. De claim dat dokters óók roken, volstaat niet langer, daar zijn de heren het over eens. Nadat griep en tbc decennia eerder veel slachtoffers maken, is sinds de oorlog kan-ker de meest gevreesde ziekte. Het idee dat roken kanker veroorzaakt is een bedreiging van ongekende omvang voor de tabaksindustrie.

Het aantrekken van Hill & Knowlton voor pr-advies is een gouden greep. De strateeg John Hill, zelf in de jaren veertig gestopt met roken, had in de loop der jaren goede contacten opgebouwd met staal- en oliebazen. Ook bedrijven uit de chemie- en drankensector behoren tot zijn klantenportefeuille. Kortom: Hill heeft ervaring met controversiële zaken waarbij de volksgezondheid in het geding is.

De tabaksfabrikanten stellen tijdens de bijeenkomst in New York voor om een 'Sigaretten informatie commissie' op te richten. Maar Hill trapt meteen op de rem. Hij vindt deze naam niks. Dit tegenoffensief moet naar een hoger plan worden getild. Met advertenties of andere berichten die al te nadrukkelijk van de industrie zelf afkomstig zijn, kom je er niet. In een vurig pleidooi legt hij uit dat de term 'onderzoek' cruciaal is. Het gaat er volgens Hill om dat je media van binnenuit beïnvloedt. Zoals Bernays het roken door vrouwen in de pers wist te verkopen als een vrouwenrecht waar feministen zelf voor streden, zo weet Hill dat in deze discussie de wetenschap, *research*, erbij moet worden betrokken. Het simpelweg betalen of inhuren van wetenschappers heeft geen zin. Er moet een gremium met wetenschappelijk aanzien komen.

De fabrikanten luisteren naar Hill en gezamenlijk besluiten ze tot de oprichting van de TIRC: *Tobacco Industry Research Company*. De strategie van de TIRC wordt door Hill zelf uitgezet. Deze strategie, zo blijkt later uit geheime documenten van de Research Company, komt er simpel gezegd op neer dat er zo veel mogelijk 'tegenbewijs' wordt verzameld. Doel: twijfel te zaaien in de publieke opinie. De gekozen tactiek wordt verkocht als een bijdrage van de tabaksindustrie aan de wetenschappelijke zoektocht naar waarheid.

Het tegenoffensief wordt perfect verwoord in een grootscheepse advertentiecampagne waarmee de TIRC van start gaat. Het is 'een openhartige verklaring aan sigarettenrokers', die in 450 kranten wordt geplaatst en waarmee zo'n 42 miljoen mensen worden bereikt:

'Na recente berichten over experimenten op muizen, heeft de theorie, dat het roken van sigaretten op enige manier in verband kan worden gebracht met longkanker bij mensen, veel publiciteit gekregen. Hoewel de experimenten zijn uitgevoerd door professionele dokters, kunnen ze niet als onweerlegbaar worden beschouwd.

Tegelijkertijd zijn wij van mening dat – ondanks de weerlegbaarheid van de resultaten – geen enkel serieus medisch onderzoek mag worden veronachtzaamd of weggewuifd.'

In het vervolg van de advertentie, die is ondertekend door alle betrokken tabaksbazen, biedt de TIRC zijn financiële bijdrage aan verder wetenschappelijk onderzoek aan. Ook wordt de aanstelling van een wetenschapper van onberispelijke statuur als hoofd van de TIRC aangekondigd.

Deze wetenschappelijke aanvoerder is Clarence Cook Little. Hij is de gedroomde man voor de tabaksindustrie. Little is een eminent wetenschapper die zijn sporen heeft verdiend, onder andere als directeur van de American Society for the Control of Cancer. Hij bepleit zijn leven lang al op een nogal militante manier dat niet iemands omgeving en gedrag, maar zijn of haar genen bepalen of iemand kanker krijgt. 'Als het inhaleren van rook in de longen per definitie longkanker zou veroorzaken, zouden we het allemaal al lang hebben,' zo stelt hij. Bij een bijeenkomst van de TIRC verklaart Little dat 'aanvallen op tabak al tweehonderd jaar plaatsvinden, en dat hij een wetenschappelijke basis wil leggen die sterk genoeg is om toekomstige aanvallen te stoppen', zo blijkt uit een intern verslag van de lobbyclub.

Vóór de oorlog toonde Little zich een aanhanger van de eugenetica. Verplichte geboortebeperking en euthanasie zag hij als een legitiem middel om de reproductie van *misfits* tegen te gaan. Nu wil hij de wetenschappelijke discussie over roken en longkanker uit de sfeer van emotie en hysterie halen. De tabaksfabrikanten weten zelf wel beter, zo blijkt uit interne memo's. Al krijgt men het woord kanker niet gemakkelijk over de lippen. In een bedrijfsmemorandum van British American Tobacco uit 1957 staat: 'The idea has arisen that there is a causal relation between *zephyr* and tobacco smoking.' Wie een codewoord voor een gevreesde ziekte gebruikt, ruikt onraad.

Onder aanvoering van Hill worden wetenschappelijke inzichten op een slimme manier in twijfel getrokken, met Little als wetenschappelijke zetbaas. Amerikaanse media prijzen de dappere financiële en academische bijdrage van de industrie, waarmee ze de publieke zaak een dienst bewijzen. Er komt in de media een discussie op gang. Daarmee is de gewenste onzekerheid over de gevolgen van roken een feit. De lobbyisten vinden met de geënsceneerde scepsis een gewillig oor bij miljoenen verslaafde rokers.

Hill & Knowlton zet met deze tactiek een trend die later vaker zal worden toegepast. Denk aan de discussie over de opwarming van de aarde door toedoen van de mens. Ook wordt de Amerikaanse bevolking in 1990 met hulp van dit pr-bureau warm gemaakt voor een inval in Irak.

De campagne die de TIRC onder strategische aanvoering van Hill & Knowlton voert, is in de Verenigde Staten een doorslaand succes. Ondanks het groeiend aantal waarschuwende medische berichten over de gevolgen voor de gezondheid, stijgt de totale sigarettenverkoop van 1954 tot 1961 van de partijen verenigd in de TIRC met meer dan dertig procent. Dat zijn jaarlijks 488 miljard verkochte sigaretten. In de Verenigde Staten stijgt de gemiddelde consumptie per persoon tot meer dan elf sigaretten per dag, het hoogste aantal ooit.

De strategie wordt jaren later subliem verbeeld en naar een andere tijd verplaatst in de film *Thank you for smoking*. Hierin is Nick Naylor een gladde woordvoerder van de tabaksindustrie en vicepresident van de Academy of Tobacco Studies. Naylor trekt, net als in werkelijkheid gebeurde, het wetenschappelijk bewijs voor de schadelijkheid van sigaretten in twijfel en propageert de keuzevrijheid van de burger. Intussen probeert hij een fatsoenlijk rolmodel te zijn voor zijn zoontje van twaalf. Wekelijks borrelt hij met een wapenlobbyist en een afgezant van de alcoholindustrie. Ze noemen zichzelf gekscherend *Merchants of Death*, kooplui van de dood.

Paradoxaal genoeg bieden de nieuwe gezondheidsinzichten nieuwe marketingkansen voor de sigarettenindustrie: de filtersigaret doet zijn intrede. Zo komt het merk Kent met de 'micronite' filter. Rokers die nattigheid voelen, kopen hun geweten af door massaal op deze 'verstandige sigaret' over te stappen. De filtersigaret bestond al langer. Tijdens de Eerste Wereldoorlog werd het concept gepatenteerd door een Duitser, maar uit geldgebrek verkocht hij dat patent voor een schijntje aan Amerikanen. De uitvinding was lange tijd vooral iets voor dames, maar in een paar decennia vindt een totale omslag plaats: in 1954 rookte tien procent van de

Amerikanen filtersigaretten, midden jaren zeventig is dat negentig procent. Overigens had de introductie ervan bij Kent fatale gevolgen voor de fabrieksmedewerkers. De eerste Kent-filters bevatten een asbeststof die bij de arbeiders longkanker veroorzaakte. Nadat dit bekend werd, stapte de fabrikant stilletjes over op filters gemaakt van cellulose. Familieleden van de overleden medewerkers waren de eersten die een schadevergoeding van de tabaksfabrikanten ontvingen wegens het veroorzaken van kanker, al had dat dus niks met het roken te maken.

In Nederland is de filtersigaret nog nergens te bekennen. Het merk Filtra van fabrikant Laurens is niet bepaald een groot succes. Ook in het Verenigd Koninkrijk slaan de filtersigaretten minder aan dan in de vs. *The Times* verklaart het aan de hand van een patriottisch statement: 'British don't scare easily.' In Engeland is het verzet tegen het inzicht dat sigaretten schadelijk zijn ook groter. Zelfs medisch tijdschrift *The Lancet* neemt het op voor de rokers, door ze te typeren als 'rusteloze, energieke, impulsieve, onafhankelijke, interessante mannen'. Niet-rokers daarentegen, zijn vaak 'evenwichtige, hardwerkende, betrouwbare, niet-communicatieve familiemensen'.

Hill & Knowlton geeft intussen de Nederlandse publicrelations-pionier F.E. Hollander de opdracht om nauwkeurig in kaart te brengen hoe er in ons land wordt gedacht over roken en longkanker. Hollander meldt zijn opdrachtgever dat er vooral berichten uit Engelse en Amerikaanse media worden overgenomen en dat opiniebladen sporadisch over de kwestie berichten. Enige bedreiging zou kunnen komen van Remmert Korteweg, volgens Hollanders verslag 'veruit de meest militante anti-tabaksexpert in Nederland'.

Deze dokter Korteweg, een kankerspecialist, verwacht dat de rookepidemie van voorbijgaande aard is. Hij laat in 1950 optekenen dat het fenomeen longkanker zal verdwijnen en 'alleen nog in de geschiedenis zal voortleven als een ramp die in de tweede helft van de twintigste eeuw de mensheid teisterde'.

Naast Korteweg is er vanaf de jaren zestig nog een klokkenluider actief, Lenze Meinsma. Hij is al vanaf zijn dertigste directeur van het Koningin Wilhelmina Fonds, dat zich richt op kankerbestrijding. Meinsma promoveert op onderzoek naar overlevingskansen

van kankerpatiënten en hij lanceert in 1963 in zijn eentje een
landelijke 'Actie niet roken'. Hij gaat persoonlijk de scholen langs
om kinderen op het gevaar van de sigaret te wijzen. Meinsma, die
al snel bekendstaat als de antirookmagiër, krijgt hiervoor een
bijdrage van twee ton van de overheid. Maar veel bijval krijgt hij
niet, ook niet van vakbroeders. Hij voert naar eigen zeggen een
onemanshow, want: 'De hele medische wereld rookte!'

Meinsma stelt in 1967 een heel pakket maatregelen voor, waarvan
de meeste pas decennia later van kracht worden, zoals: een reclameverbod voor sigaretten en shag, verkoopverbod aan minderjarigen
en een rookverbod in openbare gebouwen.

De handelwijze van Meinsma, een weinig buigzame Fries, is
een blauwdruk van de vele antirook-kruisvaarders voor en na hem:
waarschuwend op het drammerige af, onbuigzaam en streng. Of,
zoals schrijver Hans Vervoort hem omschrijft: 'Een akelig serieuze
man die eruitzag als een Zuid-Afrikaanse blanke politieman uit
de Apartheidsperiode. Met van dat kortgeknipte haar en glad
uitgeschoren nek.'

Maar wel met het gelijk aan zijn zijde. Keer op keer herhaalt
hij hoeveel levens de rookverslaving eist. Meinsma weet echter wel
waarom zovelen blijven roken: 'Mensen die roken praten met een
door nicotine beneveld brein. Heus, je mag ze niet voor vol aanzien.'

Het is voor een roker niet moeilijk om een hekel te krijgen aan
moraalridders als Meinsma. Ludieke acties, zoals die van Robert
Jasper Grootveld, voortrekker van de provobeweging, vragen op een
heel andere manier de aandacht. Hij beschouwt roken als 'een ritus,
als een hypnose van de sigarettenfabrikanten' en bekladt in 1962
sigarettenaffiches met de letter k, van kanker. Hij moet voor die
actie zestig dagen zitten in het Amsterdamse huis van bewaring.
Eenmaal op vrije voeten organiseert hij 'rookhappenings' rond het
beeld het Lieverdje in Amsterdam. In een vreemde uitdossing, in een
wolk van zijn eigen sigarettenrook, roept hij allerlei bezweringen
uit. Hij richt ook een 'antirooktempel' in, in een oud huisje aan
de Korte Leidsedwarsstraat. Bezoekers, onder wie Ramses Shaffy
en Harry Mulisch, móéten roken, om het af te leren. Grootveld

145

wil ook een eigen sigarettenmerk lanceren. 'Ik noem het *Anthoni van Leeuwenhoek*. Ik verwerk er stukjes zuivere teerdraad in, zo zwart mogelijk,' vertelt Grootveld. De sigaretten genoemd naar het in oncologie gespecialiseerde ziekenhuis komen er niet. De seances in Groothuis' tempel lopen uit de hand, het pand brandt af. Hij moet zich verantwoorden bij de rechter. Gekleed in een te kort jacquet, een pantalon met hoge rijgschoenen en een gestreept colbert legt hij ter zitting uit dat hij voor het oog van drie miljoen televisiekijkers een duidelijk statement had willen maken, maar dat het ietwat uit de hand was gelopen.

Dr. Lenze Meinsma krijgt een Goudse pijp aangeboden
tijdens een congres over hart- en vaatziekten.

Het Nederlandse volk laat zich vooralsnog niet ontmoedigen door de antirookacties. In 1963 roken ongeveer vijf miljoen Nederlanders dagelijks, onder wie zo'n anderhalf miljoen vrouwen. Jaarlijks gaat 1,2 miljard gulden in rook op. Hoewel pruimtabak een uitstervend verschijnsel is, worden daarvan jaarlijks toch nog miljoenen pakjes verkocht. Ook bij ons doet de filtersigaret het in de jaren zestig goed; in een paar jaar tijd gaat het filteraandeel met tientallen procenten omhoog.

Eind jaren zestig weten de meeste mensen wel dat roken niet gezond is. Maar ja, hoe stop je ermee als je verslaafd bent? Het *Limburgs Dagblad* maakt in 1968 een rondje door de provincie, om

146

te peilen hoe de Limburger erover denkt. De eenenveertigjarige heer Schoenmakers, 'reisbureau-employé' bij een van 's lands eerste touringcarbedrijven, Splendid Cars uit Valkenburg, is niet overtuigd van de kwalijke gevolgen: 'Ze zeggen vaak dat roken kanker veroorzaakt, maar dat geloof ik niet. Kloosterzusters krijgen ook kanker en die roken toch niet, tenzij ze het stiekem doen. Zelf rook ik twintig sigaretten per dag, ik ben er eenmaal aan verslaafd. Maar ik merk er niets van. Volgens mij is roken ook niet nadelig, er zijn mensen oud mee geworden. Ik wil er dan ook echt niet mee stoppen, dat meen ik. Roken bevordert een goed humeur. Op z'n tijd een sigaret en een goed glas bier, dat hoort erbij.'

Een vertegenwoordiger, ene heer Pernot, is op zijn eenendertigste wél gestopt en dat bevalt hem goed. Hoewel, gestopt. Als je in die tijd alleen op feestjes rookt, dan geld je kennelijk niet als roker. 'Nu is dat voor mij niet zo moeilijk en daarmee wil ik echt niet opscheppen, maar als ik zeg: ik hou ermee op, dan kan ik er hetzelfde moment mee stoppen. Ik rook nu alleen voor de gezelligheid. Het is namelijk wel gezellig als je op een of ander feestje iets kunt roken.'

Huisvrouw Buckx uit Born is ook gestopt, maar dan echt. Ze wilde niet dat haar zoon op jonge leeftijd zou beginnen. Ze is bevreesd voor de gevolgen van het roken: 'Ik durf er in ieder geval niet meer aan te beginnen. Indertijd heb ik het met mijn zoon over het roken gehad, omdat er toen veel gesproken werd over longkanker.'

De Vlaamse schrijver Walter van den Broeck herinnert zich zijn vader zaliger: 'Roken ongezond? Wat zullen ze nog allemaal verzinnen?!' riep zijn vader uit, 'hoestend zijn zesendertigste peuk van die avond uitdrukkend.' Van den Broeck herinnert zich ook levendig zijn schoonvader aan wiens rokershoest je wel móést afleiden dat veel roken niet gezond kon zijn. 'Wie hem hoorde hoesten, raakte zelf in ademnood, wat overigens niet nodig was, want hijzelf ging virtuoos om met zijn kwaal. Als het gezelschap van ongerustheid blauw zag in het gezicht, kon hij zo'n hoestbui moeiteloos onderbreken, op doodnormale toon een paar neutrale mededelingen doen – de asbak is vol, mijn aansteker is leeg, mijn sigaretten zijn op – en vervolgens de draad van zijn hoest weer opnemen.'

Journalist Hans Vervoort blikt in een van zijn verhalen terug op het langzaam doordringende besef dat roken ongezond was: 'Je werd er kortademig van, was het gerucht. Dat trok mijn belangstelling. Als scholier had ik een keer van Maastricht naar Amsterdam gefietst in elf uur, en nu ik een paar rookjaren verder was wilde ik eens uittesten of het echt zo slecht was voor je conditie. En inderdaad, ik deed er nu dertien uur over en in de buurt van Utrecht draaide mijn maag zelfs om. Roken was niet goed voor je conditie, kon ik concluderen en ik stopte. Misschien was ik ook nooit meer begonnen als ik niet aan het eind van de diensttijd aan een oefening mee moest doen. Het regende, ik lag in een éénpersoonstentje te kleumen met natte laarzen aan en een uniform dat stonk. En toen kreeg ik een dagrantsoen van de legerleiding, bestaande uit een paar legergroene blikjes koude bruine bonen, en ... twintig sigaretten in een blanco verpakking plus een doosje lucifers. Met de hartelijke groeten van koningin Juliana. Uit puur zelfmedelijden begon ik weer te roken.'

Stoppen met roken is dan ook geen eenvoudige opgave, zoals iedere (ex-)roker weet. 'Wie kennis heeft van slechts één dag van het leven van een roker die heeft besloten te stoppen, geeft dat soort goede raad niet meer,' schreef de Italiaanse auteur Italo Svevo ooit. 'Een dergelijke roker komt 's morgens met het onwrikbare besluit uit zijn bed en bijt op zijn lip. Tot een bepaald tijdstip blijft hij bij zichzelf de grootste stelregel van Carlo Dossi herhalen: Beheers je! En hij herhaalt die ook terwijl hij voor de eerste keer die dag een lucifer aanstrijkt, wat een veel aangenamere handeling is dan men wellicht zou denken. Een dergelijke roker kent uit ervaring de gehele fysiologie van zijn verslaving, de onwrikbare besluiten die worden onderbroken door een val in de slapte, of beetje bij beetje worden vernietigd door lafhartige transacties die uiteindelijk uit het bewustzijn worden gewist met een opgewekte filantropische redenering: "Wat stelt het leven eigenlijk voor?" "Niets." [...] Laten we toch rustig doorroken.'

Om gemotiveerde stoppers te helpen komen in veel landen serieuze antirookmaatregelen op gang. Sinds 1965 zijn in Groot-Brittannië televisiereclames voor sigaretten verboden, de Verenigde Staten volgen enkele jaren later. Ook verschijnen daar de eerste waarschuwingen op pakjes. Maar die zijn erg mild van toon: het kan nadelig zijn voor je gezondheid. Een Amerikaanse krant schrijft dat dit de tabaksindustrie helpt tegen burgers die een schadeclaim dreigen in te dienen. Eind jaren vijftig komen de eerste rechtszaken op gang. Charles Deshfields uit Pennsylvania eist in 1958 een bedrag van 750 000 dollar van de Liggett and Myers Tobacco Company (L&M), omdat hij longkanker zou hebben gekregen van de Chesterfields die hij vanaf 1926 heeft gerookt. In 1960 sprak een jury zich uit in de zaak van Edwin Green tegen Lucky Strike. Op de vraag of de roker – die halverwege het proces overleed – longkanker had van het roken van de Luckies werd bevestigend beantwoord. Maar op de vervolgvraag, of de fabrikant dit had kunnen voorzien, luidde het eensluidende antwoord: nee. Zulke claims zouden voortaan nog minder kansrijk zijn. De roker is immers vooraf gewaarschuwd.

In Nederland zijn we aan rechtszaken nog lang niet toe. Aan serieus overheidsbeleid evenmin. Het Amerikaanse nationale tabaksinformatiecentrum voor roken en gezondheid inventariseert in 1968 het tabaksbeleid in 22 landen. Daaruit blijkt dat ons land een staartpositie inneemt als het gaat om gezondheidsbeleid, tussen de dictatoriaal geleide naties met een stevig rokende bevolking, zoals Joegoslavië, Spanje en Portugal. Wel worden in 1966 de eerste televisiespotjes over het gevaar van roken uitgezonden.

Eind jaren vijftig werd de roker nog aangemoedigd en opgevoed. Zoals in het promotiefilmpje *Lof der tabak*, van de NV Vereenigde Tabaksindustrieën Mignot & de Block te Eindhoven, gemaakt ter gelegenheid van het honderdjarig bestaan van de firma. Bij beelden van een opstijgend vliegtuig, een voortrazende trein en druk stadsverkeer, vertelt de voice-over onder begeleiding van een alarmerend jarenvijftig-orgeltje: 'We leven in een gejaagde wereld. We snellen van huis naar werk, van werk naar huis. We zijn altijd onderweg, een leven lang. Soms komen we tot rust... kalmeren we onszelf. Bijvoorbeeld wanneer de zorg in rook vervliegt. Steek eens op. Dat doen duizenden mensen, en dat hebben wij mensen nodig! Bovendien verdrijft het uw zorgen, helpt u bij het leggen van contact, en verhoogt uw levensgeluk. Maar: maak van uzelf geen kettingroker, maar rook ook uw sigaretten met genoegen.'

Gaandeweg de jaren zestig claimen adverteerders echter niet langer dat sigaretten je kalmeren of dat ze goed zijn voor je gezondheid. Het accent komt te liggen op sfeer en beleving. Eén merk doet dat het best: Marlboro. Het was ooit geïntroduceerd als een specifiek vrouwenmerk, maar vanaf 1962 kan niemand zich dat nog voorstellen. Dat jaar trekt een stoere, rokende cowboy voor het eerst door de weidse Midwest, op de muziek van The Magnificent Seven (uit de gelijknamige film uit 1960). Geen woord over de nieuwe 'veilige' filter, wel een iconisch beeld van een machoman, met de tekst: 'Come to where the flavour is, come to Marlboro Country.' In het reclamefilmpje bij de campagne zien we een prachtig landschap en horen we cowboymuziek: 'Listen while I tell you a story, the tale of the Marlboro brand, it came out of Richmond, Virginia some day, and spread there across the land.'

Marlboro, in 1924 geïntroduceerd als vrouwensigaret, introduceerde in 1962 de Marlboro Man.

Het beeld van doktersjassen en ziekenhuisbedden is opeens heel ver weg. De timing van de campagne is bovendien perfect. Welke kantoorklerk verlangt in het drukke, moderne bestaan niet naar de onafhankelijkheid van zo'n onsterfelijke *lone cowboy*, die omgeven is door rust en ruimte? Het rood-witte pakje van Marlboro, met de revolutionaire 'flip-top box' (waar nu bijna alle pakjes van voorzien

150

zijn) wordt wereldberoemd, en is tot op de dag van vandaag in veel landen het populairste merk, ook in Nederland.

Terwijl Marlboro zich richt op de man, brengt Philip Morris in 1968 – de tweede feministische golf is volop gaande - Virginia Slims op de markt. In reclamefilmpjes wordt de spot gedreven met de vooroorlogse jaren toen vrouwen als kinderen werden gestraft wanneer ze met een sigaret werden betrapt door hun man: ze krijgen huisarrest of moeten zonder warm eten naar bed. Die tijd is voorbij en Virginia Slims zijn speciaal ontworpen voor de moderne vrouw – slanke sigaret, elegante verpakking. In het begeleidende liedje horen we:

> You've come a long way, baby
> To get where you've got to today
> You've got your own cigarette now, baby
> You've come a long, long way

Tot begin jaren zestig is Lexington, 'de zuivere en mannelijke Amerikaan', in ons land het populairste merk. Maar daar komt verandering in na een test van de Consumentenbond. Die club is in 1953 naar Amerikaans voorbeeld opgericht door een groepje enthousiastelingen. Het doel is om de consument, bij wie winkelschaarste en distributiebonnen nog vers in het geheugen liggen, mondiger te maken ten opzichte van de middenstand en fabrikanten. De definitieve doorbraak van de Consumentenbond vindt plaats in 1962. Precies op het moment dat de kranten bol staan van nieuwe bewijzen omtrent het verband tussen roken en longkanker, worden in het huisblad de *Consumentengids* de resultaten van een meting naar het teer- en nicotinegehalte van veertien populaire sigarettenmerken gepubliceerd. Veruit de meeste nicotine én de meeste teer wordt aangetroffen in de 'Lexi'. Het aantal milligrammen van deze stoffen ligt in deze sigaret twee tot drie keer zo hoog als bij bijvoorbeeld Three Castles en Chief Whip ('op ieders lip') – en overigens ook zes keer zo hoog als bij de meeste sigaretten die een halve eeuw later worden verkocht.

Bart Buitendijk, medeoprichter van de Consumentenbond,

vertelt er in zijn toespraak voor het VARA-radioprogramma *Wikken en wegen* bij dat de sigaretten qua smaak niet ver uiteen liggen, en geeft een ongevraagd consumentenadvies mee. 'Als u dit in aanmerking neemt én de grote verschillen die er zijn in de teergehalten in de rook, is het toch werkelijk wel de moeite waard om, als u een sigaret mocht roken met een hoog teergehalte, eens een andere te proberen; die u dan in het in de *Consumentengids* afgedrukte lijstje zou kunnen opzoeken.' Direct na de publicatie zweren duizenden consumenten de Lexi af. De Lexington-affaire, uitvoerig beschreven door het digitaal historisch platform Geschiedenis24, is een feit.

De importeur van Lexington, Abraham Blok, pikt het namelijk niet. Hij trekt de resultaten van de Consumentenbond in twijfel, en laat drie buitenlandse laboratoria de test overdoen. Het levert uiteenlopende resultaten op. In één test blijkt de Lexington-sigaret zelfs het minste teer te bevatten. Blok start met deze resultaten in de hand een grootscheepse reclamecampagne om de reputatie van zijn merk te zuiveren. Ook start hij een kort geding tegen de Consumentenbond, waarin rectificatie van het onderzoek wordt geëist.

In de pers krijgt de Consumentenbond er stevig van langs, vooral van *Elseviers Magazine*. Het liberale opinieblad spreekt van een 'schandelijk en schadelijk' onderzoek van de bemoeizuchtige, 'socialistische' Consumentenbond. Ook de directe lijntjes met de VARA-radio en-televisie worden gehekeld. De Katholieke Bond van Sigarenwinkeliers spreekt zelfs zijn vermoeden uit over 'een links complot', om de bevolking via de media voor te houden dat roken longkanker kan veroorzaken. Dat zou immers een terugloop van de belastingaccijnzen betekenen. En dat zou in combinatie met de voorgenomen belastingverlagingen van het eerste naoorlogse kabinet zonder socialisten 'wel eens de door links zo vurig gewenste kabinetscrisis tot gevolg kunnen hebben. Rechts Nederland zou dus alleen uit politieke overwegingen moeten doorgaan met roken,' zo vat het *Algemeen Handelsblad* in april 1962 de samenzweringstheorie van de Katholieke Bond samen.

De zaak lijkt voor Lexington slecht te starten als de rechter laat weten al jaren te zijn gestopt met roken én verklaart een trouw lezer van de *Consumentengids* te zijn. Maar de rechter oordeelt aan de hand van de tegenstrijdige onderzoeksresultaten dat de Consumentenbond ten onrechte heeft gesteld dat zijn resultaten maatgevend zouden zijn. De Consumentenbond mag de publicatie niet herhalen en wordt veroordeeld in de proceskosten, maar hoeft geen rectificatie te plaatsen.

Schade beperkt, zou je zeggen, maar de Consumentenbond is er niet gerust op. Men had het proces niet zien aankomen en vreest dat Lexington in een bodemprocedure met een miljoenen-claim wegens gederfde inkomsten zou komen. Gelukkig voor de bond komen de strijdende partijen snel tot een compromis. De Consumentenbond komt in zijn blad alsnog met een rectificatie en Blok ziet af van een schadeclaim.

In een persconferentie wordt het akkoord toegelicht. Een zichtbaar zenuwachtige Buitendijk van de bond leest een verkla-ring voor, terwijl de borrelglaasjes gevuld met sigaretten voor zijn neus staan. 'Wij zijn niet meer overtuigd van ons gelijk [...] en wij betreuren de publicatie in maart jongstleden gedaan.' Vervolgens steekt Buitendijk om zijn zenuwen te kalmeren een Lexington-sigaret op.

In een nieuwe, grote advertentiecampagne kraait Lexington de victorie. Onder de kop 'Volledige rehabilitatie van Lexi' worden de zaken publiekelijk rechtgezet. Tenminste, dat is de hoop van impor-teur Blok. Waar rook is, is vuur, moet het publiek gedacht hebben. Binnen enkele jaren is Lexington van marktleider gedegradeerd tot tweederangsmerk. De Luxemburgse fabrikant concentreert zich voortaan voor de Nederlandse markt op het merk Kent, met zijn speciale filter en het lage teer- en nicotinegehalte.

De sigaret die als beste uit de test van de Consumentenbond kwam, is Roxy, een sigaret van de Groningse fabrikant Theodorus Niemeyer. Meteen stappen duizenden rokers over. Niemeyer wil in zijn enthousiasme meteen 20 000 exemplaren van de *Consumentengids* hebben, maar helaas mag hij de gids niet voor commerciële doelein-den gebruiken. In plaats daarvan slaat hij maar een flinke hoeveel-heid exemplaren van *Het Parool* in, dat uitgebreid verslag doet van de test.

Roxy was speciaal ontwikkeld als teer- en nicotinearme sigaret. Een speciale verwijzing naar de gezondheid maakt Niemeyer in zijn reclame voor Roxy echter niet. Niet zonder reden. Zoals de grote Amerikaanse tabaksfabrikanten de koppen bij elkaar hadden gestoken, zo hebben de Nederlandse sigaretten-, shag- en sigaren-fabrikanten dat ook gedaan. Terwijl de TIRC in de tegenaanval gaat, kiezen de Nederlandse fabrikanten een andere tactiek. Ze sluiten een herenakkoord van twee pagina's, dat opent met de overweging 'dat er op internationaal en wetenschappelijk niveau een discussie gaande is over het verband tussen roken en gezondheid, en dat het ongewenst is in het commerciële vlak zich in deze discussie te begeven of daarop in te haken'.

De fabrikanten weten heel goed dat reclame voor een 'gezonde' of 'veilige' sigaret aanslaat bij het publiek. Maar om niet het gevaar te lopen ooit juridisch te worden aangesproken door ziek geworden rokers, besluit men zich volledig afzijdig te houden.

Het gentlemen's agreement houdt enige jaren stand. Maar Niemeyer heeft van het succes geproefd, en brengt in 1971 de Kelly Halvaret op de markt. De naam zegt het al: deze sigaret bevat maar de helft van de schadelijke stoffen van een gewone sigaret, 'voor mensen die bewust lichter willen roken'. Niemeyer besluit in advertenties ook het percentage teer- en nicotine te noemen, en schendt zo rechtstreeks de gemaakte afspraak. De persvoorlichter van Niemeyer geeft deze schending in de krant toe, maar, zo voegt hij eraan toe: 'Wij kunnen niet anders. Het publiek moet duidelijk weten wat de Kelly Halvaret is en dan kan men kiezen. Er zal wel enig lawaai over ontstaan, dat neem ik direct aan.' Niemeyer laat ook een persbericht uitgaan, waarin deze stap wordt gemotiveerd. 'Goede informatieverschaffing aan de consument over de mate van schadelijkheid is een uiterst belangrijke aangelegenheid.' Het statement is een unicum; niet eerder gaf een sigarettenfabrikant, waar ook ter wereld, zo grif toe dat zijn product schadelijk is.

Het akkoord is geschonden, maar Niemeyer wordt ervoor beloond. De verkoop van de Kelly Halvaret en Roxy Dual Filter neemt in enkele maanden toe van twee miljoen stuks per week naar elf miljoen. En die stijgende lijn zet door. Om de verkoop van Roxy Dual nog verder op te stuwen, wordt Johan Cruijff als ambassadeur ingeschakeld.

Hij kan als geen ander, op geheel eigen, onnavolgbare wijze voor het voetlicht brengen waarom het slim is om over te stappen op Roxy. Op een paginagrote advertentie in *Voetbal International* predikt Cruijff in de kop: 'Rook verstandig.' De reclamejongens laten hem zeggen: 'Veel mensen blijven graag een sigaretje roken. Ik ben er zelf een voorbeeld van. Maar ik vind: je moet wel verstandig roken. Dus rook ik "teer"- en nicotine-arme sigaretten. Omdat ik smaak ook belangrijk vind, koos ik dus Roxy Dual. Want van alle sigaretten met weinig "teer" en nicotine smaakt Roxy duo mij verreweg het best.'

De antirooklobby is woedend op Cruijff. De advertentie richt zich rechtstreeks tot de jeugd, 'omdat Cruijff een voorbeeld is voor duizenden jonge voetballers'. Konsumenten Kontakt dient een klacht in bij de reclamecodecommissie – de jeugd mag natuurlijk niet verleid worden tot roken – en veroordeelt de campagne als misleidend.

De speler zelf rechtvaardigt zijn handelen in een interview in *Vrij Nederland*. 'Nou, vandaag rook ik teer-rijk. Maar omdat ik dus wil overschakelen, rook ik dus twee dagen teer-arm en een dag teer-rijk. Want op een gegeven moment krijgt je lichaam zodanig veel trek in nicotine dat je er moeilijk van wordt.' Om eraan toe te voegen: 'Ik heb gezegd: je kan beter dat merk roken. Omdat het teerarm is. Van veel nicotine naar de helft nicotine is toch goed!' Cruijff gaat nog verder, en zijn woorden maken duidelijk hoe groot de onwetendheid in de jaren zeventig nog is: 'Er is ook door het ministerie van Gezondheid en door het Kankerinstituut gezegd dat teerarme sigaretten onschadelijk zijn. En niet: schadelijk zouden kunnen zijn. Nee, nee, onschadelijk, dat is het woord. Dus, ik maak reclame voor iets dat onschadelijk is en vervanging is voor iets dat misschien schadelijk zou kunnen zijn.'

Voor de sigarettenfabrikanten is het goed nieuws dat jongeren steeds meer roken. Dit is mede te danken aan het toegenomen welvaartsniveau. Jongeren hebben meer te besteden en maken hun eigen keuzes. Hun idolen, of het nou de Beatles of de Stones zijn, ze roken. Sporthelden idem dito. Zelfs Jan Janssen, de winnaar van de Tour de France van 1968, rookt filtersigaretten. 'Vooral na de koers ben ik er dol op,' vertelt hij. Ook 's werelds beste voetballer van dat moment, Johan Cruijff, rookt als een ketter, ondanks dat zijn vader

155

jong overleed aan een hartkwaal. Cruijff rookt als voetballer tijdens duurlopen, stiekem achter een boom, en zelfs in de spelersbus. Dit tot grote ergernis van zijn trainer bij Ajax en het Nederlands elftal, Rinus Michels. Eén keer heeft de trainer Cruijff in de smiezen en loopt hij op zijn aanvoerder af, die als een schooljongen stiekem zit te doen op de achterbank. De aanvoerder frommelt zijn sigaret snel in zijn trainingsjack als Michels eraan komt. 'Ben je aan het roken, Cruijff?' 'Nee, meneer Michels,' antwoordde Cruijff, en dat was waar, maar zijn jack rookte wel. Er moet een brandblusser aan te pas komen om erger te voorkomen, zo schrijft Erik Brouwer in het voetbalblad JOHAN.

Cruijff is in die jaren uiteraard niet de enige rokende voetballer. Veel van zijn collega's roken en, toeval of niet, veel spelers openen na hun actieve carrière een sigarenwinkel, zoals Sjaak Swart, Jan Jongbloed en Bennie Muller. Een ander icoon van het Nederlandse voetbal in de jaren zeventig, Willem van Hanegem, is ook een stevige roker. Als hem naar zijn rookgewoonte wordt gevraagd, zegt hij droogkomisch: 'Roken is slecht voor de gordijnen.' Als hij later zijn trainerscursus betaald voetbal afrondt en men hem vraagt of hij er nog wat van heeft opgestoken, antwoordt de autodidact al even gevat: 'Ja, een sigaret.'

Ook op de tribunes wordt vooral door het mannelijk publiek stevig doorgepaft. Reclameborden van Samson-shag omzomen het voetbalveld en door de speakers schalt de reclame van Caballero, een hit van het Leedy Trio:

Ay, ay, ay die Caballero
Dat is pas een sigaret
Ay, ay, ay die Caballero
Echt je dat, en je van het

Caballero – zonder filter – dat is ook het merk van Van Hanegem, en behalve van hem dat van vele Nederlanders. Het is het no-nonsense- merk voor stevige rokers, dat niet in cellofaan verpakt hoeft te worden omdat de inhoud zijn weg naar de gebruikers snel genoeg vindt. Het bruine pakje met houtnerf was een bedenksel van directeur Jacobs van de Haagse fabrikant Ed Laurens. Hij wilde een volkse sigaret introduceren. Caballero kwam daarom zonder filter op de markt, in een zachte verpakking ('soft package'). Twintig van deze bouwvakkerssigaretten kostten bij de introductie, eind jaren veertig, maar vijftig cent.

De Caballero's, oftewel de 'Haagse Camel', zijn van meet af aan populair, maar de zaken gaan pas echt goed als er in 1961 pakjes van vijfentwintig stuks voor een gulden op de markt komen; dat zijn er vijf meer dan de andere merken voor dat geld bieden. Daar hebben de Nederlandse rokers wel oren naar. Tot dan toe kostte een pakje van twintig stuks tachtig cent – per saldo is de roker dus helemaal niet goedkoper uit, maar het voelt kennelijk wel goed. Nu hoeven sigarettenverkopers ook niet langer twee dubbeltjes wisselgeld te plakken op de pakjes die in de automaat gingen.

Ook worden bekende acteurs ingezet om het merk in kranten en op de steeds populairder wordende televisie te promoten. Artiesten waren bij uitstek geschikt om de Caballero-slogan 'Anders dan andere' te verkopen. Begin jaren zeventig verzet Hugo Metsers zich hiertegen, hij vindt dat zijn collega's, zoals Jeroen Krabbé, geen reclame moeten maken voor tabak. Metsers verzucht dat er sinds de Tweede Wereldoorlog, toen veertig procent van de toneelspelers zich aansloot bij de Kultuurkamer, niet veel is verbeterd: 'In dit vak gaan mensen als het moet over lijken.' Caballero wordt ook gepromoot op toneel en in films, zoals in de verfilming van Maarten 't Harts *Een vlucht regenwulpen*.

Caballero sponsort daarnaast sportevenementen, zoals het indoor tennistoernooi in Ahoy in Rotterdam, dat onder de sponsornaam ABN Amro nog altijd bestaat. Er wordt ook een profwielerploeg geformeerd – de nieuwe directeur Nico Klijn is een fietsliefhebber – die in 1970 onder de naam Laurens Caballero deelneemt aan de Tour de France. De renners rijden rond in speciaal ontworpen Caballeroshirts en de fietsen worden tabaksbladbruin gespoten.

In de Verenigde Staten en Engeland, waar radio- en televisiereclames voor sigaretten verboden zijn, richt de industrie zich al langer op sportevenementen. Die zijn bij uitstek geschikt om een groot en jong publiek te bereiken. Er worden vele tientallen miljoenen dollars en ponden in gestoken. Zo zijn op televisie de reclameborden voor sigaretten niet te missen. Fabrikant Rothmans werpt zich in Engeland op als beschermer van de gezonde, sportieve jeugd. Men start in 1971 de campagne 'Help Engeland medailles winnen'. In ieder pakje sigaretten stopt Rothmans een coupon ter waarde van een penny voor het Olympisch Fonds. Het bedrijf stelt het Britse team, dat in 1972 zal deelnemen aan de Olympische Spelen in München, alvast 200 000 pond in het vooruitzicht.

Op oergezellige Hollandse verjaardagsfeestjes staan de glaasjes met sigaretten voor de gasten op tafel. Op televisie, op het werk en zelfs in kindercrèches wordt volop gepaft. De Nederlandse Spoorwegen breidt het aantal rookcoupés uit, leraren roken voor de klas. Praktijken die decennialang worden volgehouden. 'In die dagen was het dan ook beslist geen schande om je kinderen even om sigaretten te sturen als je met de buren gezellig paffend aan de sherry zat,' schrijft Sylvia Witteman in haar column in *de Volkskrant*. 'Na zessen was de sigarenboer dicht en dan kreeg ik twee guldens mee, voor de automaat. Je trok een stalen laatje open, en dan zat het wisselgeld met een strookje cellotape op het sigarettenpakje. Vaak bleef het laatje steken, of vielen de guldens er door het klepje onderaan telkens weer uit. Omdat ik nog te klein was om er goed bij te kunnen, trok ik ook wel eens de verkeerde sigaretten, Belinda menthol, of iets anders dat mijn moeder vies vond. In zulke gevallen moest je iets vreselijks doen: aanbellen bij de gesloten sigarenzaak. Vanachter de matglazen schuifdeuren kwam dan de sigarenboer naar buiten, Caballero in zijn paars, vlezig hoofd, zijn broek ophijsend met de lauwe damp van aardappelen nog om hem heen... Je kon in een glimp zijn vrouw zien zitten in het piepkleine achterkamertje bij de tv, kousenvoeten op de salontafel, met een bordje warm eten op schoot en een Mantano in de hand. Het zag er gezellig uit, maar ook een beetje donker en benauwd, het behang bruin aangekoekt van de rook der eeuwen. Die mensen rookten zoveel, begreep ik, omdat al die verkeerd getrokken en teruggebrachte sigaretten tóch op moesten, anders was het natuurlijk zonde.'

THE GREAT AMERICAN SMOKE OUT
Amerika legt het roken aan banden

Terwijl in de jaren zeventig in ons land nog volop en enthousiast wordt gerookt, gaat het er in het land waar de sigaret het eerst groot is geworden heel anders aan toe. In de Verenigde Staten wordt de sigaret eind jaren zestig, begin jaren zeventig steeds fanatieker bestreden. In 1973 verbiedt de staat Arizona het roken in openbare gebouwen. Volwassen Amerikanen stoppen of minderen massaal. Op de derde donderdag in november 1977 wordt in de Verenigde Staten de eerste landelijke 'Great American Smoke Out' georganiseerd. In het hele land doen rokers mee aan een actie georganiseerd door de Cancer Society om ten minste voor één dag te stoppen met roken. Het succes ervan is in de jaren ervoor in Californië beproefd. Hoeveel definitieve stoppers het oplevert is onduidelijk, maar het markeert een omslagpunt in het bewustzijn van de rokers. In de daaropvolgende jaren wordt roken in bijvoorbeeld overheidsgebouwen, scholen en liften, in steeds meer staten verboden. In personeels- en contactadvertenties wordt voor het eerst gevraagd naar niet-rokende kandidaten.

In het Verenigd Koninkrijk, dat in de jaren vijftig nog moeilijk kon wennen aan het idee dat sigaretten schadelijk zijn, groeit in de jaren zestig de gewoonte om rond de jaarwisseling te proberen te stoppen met roken, schrijft Matthew Hilton in *Smoking in British Populair Culture*. In 1971 kwalificeert het Britse Royal College of Physicians het roken als 'een hedendaagse holocaust'. De BBC kondigt daarop in een uitzending van *Panorama* de dood aan van zo'n 100 000 rokers per jaar. In datzelfde jaar onderneemt een groep journalisten van *The Mirror* een gezamenlijke poging om te stoppen met roken, ieder op zijn eigen manier. Ze nodigen lezers uit om hetzelfde te doen.

Zover zijn we in Nederland nog lang niet. Dat bij ons nog overal en volop gerookt wordt is mede toe te schrijven aan het feit dat strenge overheidsmaatregelen nog altijd uitblijven. En dat is weer een gevolg van onze overlegcultuur. Zo brengt de Gezondheidsraad, het onafhankelijk wetenschappelijk adviesorgaan van de rijksoverheid, al in 1956 voor het eerst een advies uit over roken. Er gaan vervolgens jaren overheen voordat er een bruikbaar rapport op tafel ligt. Volgens een voormalig inspecteur voor de jeugdgezondheidszorg was het vragen van advies aan de Gezondheidsraad de beste methode om beleid te vertragen. 'Een van de functies van de Gezondheidsraad was de ijskastwerking. Liet je over een kwestie een advies uitbrengen door de Gezondheidsraad, dan wist je dat het onderwerp voor enkele jaren was kaltgestellt. Je gaf met zo'n adviesaanvraag aan de Gezondheidsraad het idee dat het onderwerp alle aandacht had. Maar daar bleef het dan ook bij.'

Begin jaren zeventig worden er in de Tweede Kamer vragen gesteld naar aanleiding van de strenge maatregelen die in de Verenigde Staten en Engeland getroffen zijn. Moesten we in Nederland ook niet een reclameverbod invoeren, of waarschuwingen op pakjes sigaretten zetten? Naar aanleiding van deze Kamervragen wordt in 1970 een werkgroep opgericht die zich over de kwestie buigt en waarin verschillende ministeries vertegenwoordigd zijn. Deze commissie-Meulblok hoort allerlei betrokken partijen en deskundigen, waaronder de antirookpionier Lenze Meinsma, maar ook de Nederlandse tabaksindustrie. De ministeries van Economische Zaken en Financiën zijn ook in de commissie vertegenwoordigd en daar hoort men niet graag over reclameverboden. Ze voorzien banenverlies en verminderde belastinginkomsten. In 1975 wordt voor een miljard gulden aan tabaksaccijnzen binnengehaald. Met het ministerie van Economische Zaken onderhoudt de tabaksindustrie overigens goede banden, met dank aan kundig lobbywerk. Voor de industrie is het ook gunstig dat er met Van Agt-Wiegel (CDA en VVD) in 1977 een ondernemersvriendelijk kabinet aantreedt, nadat de industrie het in de linkse jaren onder Den Uyl minder makkelijk had.

Gevolg van al dat gepraat en tegengestelde belangen is dat er jaren overheen gaan voordat de commissie-Meulblok met zijn definitieve rapport komt. Maar als duidelijk wordt dat de werkgroep-Meulblok wel degelijk voorstander is van strenge maatregelen, blijkt de sigarettenindustrie een slimme strategie te hebben uitgezet. Men neemt het heft in eigen handen door een convenant af te sluiten met de Reclame Code Commissie.

'Ons belangrijkste doel is overheidsmaatregelen te stoppen', zo is te lezen uit een intern document van Philip Morris, dat later openbaar wordt gemaakt. Door zelf mee te praten en te denken over de manier waarop er geadverteerd mag worden, blijft men overheidsbemoeienis inderdaad lange tijd vóór. Dat blijkt uit een blik op de adviezen van de Gezondheidsraad uit 1975 en het moment waarop deze maatregelen daadwerkelijk worden ingevoerd. Zo komt de rookvrije werkplek er pas dertig jaar later, in 2004; de beperking van verkooppunten komt er in 2003 en een verbod op tabaksreclame en sponsoring in 2002.

Bovendien, zo blijkt uit een bedrijfsdocument van Philip Morris dat *Trouw*-journalist Joop Bouma in zijn boek *Het rookgordijn* aanhaalt, hoeft de Nederlandse tabaksindustrie juridische acties nauwelijks te vrezen. 'Want de Nederlander is niet erg geneigd naar de rechter te stappen voor schadevergoedingen.'
Ook dat ligt in de Verenigde Staten heel anders. Daar heeft zich de praktijk ontwikkeld dat bedrijven risicoaansprakelijkheid dragen

voor hun consumentenproducten; los van de schuldvraag zijn ze verantwoordelijk voor de veiligheid van hun product. Het zou ertoe leiden dat fabrikanten zorgen voor betere, veiliger producten. Sinds de jaren vijftig heeft dit systeem geleid tot honderden rechtszaken van burgers tegen tabaksfabrikanten. Het is een strijd waarin een diepgeworteld Amerikaans principe als eigen verantwoordelijkheid wordt afgewogen tegen de arrogante houding van de steevast ontkennende industrie. Die laatste partij komt decennialang telkens weer als winnaar uit de strijd. De tactiek om rechtszaken zo lang mogelijk te rekken en te compliceren werkt. Tot 1988, als een zeskoppige jury uitspraak doet in de zaak Cipollone versus de Liggett Group.

Rose Cipollone begon met roken op haar zestiende; anderhalf pakje Chesterfield was haar dagelijkse dosis. Zelfs tijdens haar zwangerschap lukte het haar niet om te stoppen. Wel stapte ze in 1955, toen de eerste gezondheidswaarschuwingen werden gegeven, over op L&M. Dat merk kwam met een nieuwe filtersigaret – de *pure white miracle tip* – op de markt. De bijbehorende aanprijzing luidde: 'Just what the docter ordered.' Weer een tijd later stapte ze over op Virginia Slims van Phillp Morris, gepromoot als een echte vrouwensigaret. In 1982 werd bij Cipollone longkanker geconstateerd. Zelfs toen bleef ze – stiekem – doorroken.

Cipollone start een rechtszaak waarin ze wordt bijgestaan door advocaat Marc Edell. Hij heeft ruime ervaring met asbestzaken. Wat naast zijn ruime ervaring de zaak kansrijk maakt is de veranderde maatschappelijke houding ten opzichte van sigaretten. Maar ook het feit dat meer en meer komt vast te staan dat nicotine een zeer verslavende stof is. Een onderzoeker van fabrikant R.J. Reynolds schrijft al in 1972 dat de sigaret niet als een product moet worden gezien, maar als een verpakking: 'Zie het als een vehikel voor de levering van nicotine in een acceptabele en aantrekkelijke vorm.'

Als nicotine het geheim van de sigaret is waardoor miljarden mensen er zo moeilijk mee kunnen stoppen, dan kan de tabaksindustrie zich minder makkelijk verschuilen achter het argument dat de roker nu eenmaal zelf mag kiezen. Een verslaafde maakt zijn keuzes niet op puur rationele gronden.

Met deze zaken in het achterhoofd moet de jury in 1988 een

oordeel vellen. Rose Cipollone is dan al een paar jaar dood, maar haar man zet de rechtszaak namens haar voort. Het eindoordeel is dat de rookster in kwestie zelf voor tachtig procent schuld droeg aan haar overlijden, omdat het roken nu eenmaal haar eigen, persoonlijke keuze was. Philip Morris blijft bovendien buiten schot, omdat Cipollone dat merk rookte toen de pakjes al waarschuwingen droegen. Liggett & Myers wordt wél aansprakelijk geacht, en veroordeeld tot het betalen van 400 000 dollar schadevergoeding. Gezien de duizenden uren die advocaat Edell en de miljoenen die zijn kantoor in de zaak heeft geïnvesteerd, is dat een wel zeer magere beloning.

Er is meer slecht nieuws voor de tabaksindustrie. Er komt in de jaren zeventig en tachtig steeds meer aandacht voor luchtvervuiling door fabrieken en de gevolgen daarvan voor mens en milieu. In het kielzog daarvan komen ook de gevolgen van roken voor niet-rokers in de belangstelling. Er komt steeds meer wetenschappelijk bewijs op tafel dat ook passief roken, oftewel meeroken, schadelijk is. Kinderen van rokers blijken bijvoorbeeld veel meer last te hebben van bronchitis en griep dan kinderen die opgroeien in een rookvrij huis. Charles Everett Koop, de door president Reagan benoemde nationale chef in gezondheidskwesties, adviseert in 1986 dan ook om rokers en niet-rokers te scheiden, bijvoorbeeld op de werkvloer. Dat vergt even tijd, maar op steeds meer plaatsen ontstaan rookvrije plekken en gescheiden werelden. Zo mag er in McDonald's, waar je zo lekker snel en ongezond kunt eten, niet meer gerookt worden. In 1988 wordt in de vs een algemeen rookverbod tijdens korte vluchten ingesteld.

Dat gaat niet zonder slag of stoot. Op een binnenlandse vlucht van luchtvaartmaatschappij TWA breekt muiterij uit. Na zich vijf uur te hebben verbeten, verkondigen de rokers luidkeels dat ze een sigaret willen opsteken. Elf van hen voegen de daad bij het woord, meldt *Het Vrije Volk*. Vriendelijke, maar steeds dringender verzoeken van het vluchtpersoneel helpen niet. Op enig moment vallen er rake klappen. De gezagvoerder roept voor de landing in Los Angeles politie-assistentie in. Eenmaal geland schreeuwden de rokers: 'Vlieg niet met TWA, vlieg niet met TWA.' Vier van hen werden voor verhoor meegenomen naar het politiebureau.

Tot het incident op TWA-vlucht 853 kenden vliegtuigen vaak een roken- en een niet-rokengedeelte, maar dat schoot natuurlijk niet echt op. Dat ondervond de zesendertigjarige stewardess Norma Broin aan den lijve. Zij had nooit gerookt, maar na vijftien jaar trouwe dienst in de doorrookte cabines van American Airlines kreeg ze toch longkanker. In de rechtszaak die volgde beloofden vier tabaksmaatschappijen 300 miljoen dollar ter beschikking te stellen voor onafhankelijk onderzoek naar (mee)roken. Schadeclaims van stewards en stewardessen waren bovendien niet van de baan, en de tabaksmaatschappijen moesten 46 miljoen dollar aan gemaakte juridische kosten vergoeden.

Intussen komen de rokers ook op voor hun belangen. In de Verenigde Staten stappen ze naar de rechter om de discriminerende maatregelen te bestrijden. In Australië, waar het roken in openbare gebouwen, op binnenlandse vluchten en op grote busroutes verboden is, hebben rokers de Freedom of Choice and Smokers' Rights Group opgericht. Zij stellen zelfs een kandidaat aan om bij federale verkiezingen de strijd aan te binden met 'The Nanny State', de staat als kinderjuf. 'Mensen die geloven in de vrijheid van keuze [...] zijn het treiteren van de roker, duidelijk met aanmoediging van het rijk, meer dan beu,' zo citeert *Het Vrije Volk* een woordvoerster van de belangenclub. In Frankrijk reageren tabaksfabrikanten met paginagrote krantenadvertenties op de strijd tussen rokers en niet-rokers: 'Hij die onverdraagzaamheid zaait, zal storm oogsten.'

Midden jaren negentig worden in de Verenigde Staten honderden rechtszaken tegen sigarettenfabrikanten gevoerd, met als resultaat dat in 1998 een megaschikking getroffen wordt: het Tobacco Master Settlement Agreement. De tabaksindustrie sluit een megadeal met 46 staten, waarmee ze voortaan gevrijwaard is van claims. In totaal wordt er 246 miljard dollar betaald, uitgesmeerd over een periode van twaalf jaar. Bovendien moet de industrie openheid van zaken geven, door interne bedrijfsdocumenten openbaar te maken: zo'n 24 miljoen documenten worden online gezet.

De miljoenen memo's, verslagen en rapporten bieden onderzoeksjournalisten een soms ontluisterende inkijk in de handelwijze van de tabaksfabrikanten. Er zijn gentlemen's agreements over het doodzwijgen van de gevaren van het roken, strategische tactieken over het bestrijden van tegenstanders, en over het verkapt verleiden van jongeren om te roken. Zo luidt de titel van een document van R.J. Reynolds: 'Young Adult Smokers: Strategies and Opportunities'.

Joe Camel spreekt de
young adult smoker aan.

De industrie weet uit eigen onderzoek dat de kritische leeftijd om te beginnen met roken op vijftien, zestien jaar ligt. Die groep moet dus bereikt worden. Fabrikant Reynolds heeft een probleem: topmerk Camel is nog slechts populair bij de oudjes. Die populariteit is terug te voeren tot de periode rond de Tweede Wereldoorlog, toen Camel het nummer-éénmerk was. Maar jongeren roken het niet meer. Om daar verandering in te brengen wordt in 1987 Joe Camel geïntroduceerd; een kameel als cool stripfiguur met een zonnebril op zijn kop en een sigaret in zijn mondhoek. Joe Camel is geen gelikte cartoon, niet knap, maar wel breedgeschouderd. Hij is als de oudste jongen van de buurt die veel durft, zoals roken. Het ideale voorbeeld voor jongeren die op de drempel staan van het rokerschap. Joe Camel wordt fanatiek gepromoot, hij staat op T-shirts, aanstekers en hoedjes. Producten bestemd voor de jongeren, die in officiële documenten 'pre-smokers' of 'nieuwe rokers' heten. De campagne is succesvol en na een tijdje blijkt zelfs het merendeel van de zesjarigen Joe Camel te associëren met sigaretten. Onder druk van de publieke opinie beëindigt Reynolds de campagne in 1997.

In Nederland is er sprake van een zwakke antirooklobby en daar is de Nederlandse tabaksindustrie blij mee, zo blijkt uit een van de openbaar gemaakte documenten, een interne notitie van fabrikant Philip Morris uit 1979. Er is wel wat verzet, bijvoorbeeld van studenten, maar 'ze zijn slecht georganiseerd en doorgaans verdwijnen ze vanzelf zonder veel publiciteit'.

Ook bij ons richten fabrikanten zich nog altijd op jongeren. Zoals gezegd via de sport, maar ook via popconcerten. Zoals het Drum Rhythm Festival, een vooruitstrevend popfestival in Amsterdam, met nu eens geen rock, maar wel met veel zwarte muziek. Ook Samson laat zich graag zien tijdens muziekevenementen waar veel jongeren op afkomen.

De shagmerken Drum (Douwe Egberts) en Samson (Niemeyer) hebben dan ook een eer hoog te houden in Nederland: nergens is zelf sigaretjes rollen zó populair. Na de oorlog zijn het vooral zeelui die draaien, gevolgd door werklui en bajesklanten. Gaandeweg raakt het sjekkie in Nederland ingeburgerd als de sigaret voor 'de gewone man'. En in de jaren zestig neemt de progressieve elite de arbeidersgewoonte over. 'Een sjekkie draaien is een robuuste bezigheid: je moet een beetje knoeien, je bent in direct contact met het product en het is een sociale bezigheid. Het zit meer in de genen van de Nederlander,' zo vertelt Mies van Landsveld, marketingmanager bij Imperial Tobacco in 2008. Een shagroker onderscheidt zich van de burgerman, is te lezen in *Het verhaal van de leeuw*, over Samson-shag. 'Hij is onconventioneel en onafhankelijk, heeft een zekere hang naar het ruige, het alternatieve.'

Als begin jaren tachtig de crisis toeslaat, wint shagtabak aan populariteit ten koste van de sigaret. In 1983 is er een stijging van vijftien procent ten opzichte van het jaar ervoor: er worden zo'n 360 miljoen pakjes shag per jaar verkocht. Daarmee is shag zelfs iets populairder dan sigaretten. Ook vrouwen en Duitsers roken begin jaren tachtig steeds vaker shag.

Er wordt rond 1990 nog altijd evenveel shag als sigaretten verkocht, en dat doet geen enkel ander land ons na. Vooral de halfzware shag is bij ons populair; de mix van lichte Virginia- en zware Kentucky-tabak is een typisch Nederlandse uitvinding. Een Nederlander die in het buitenland een sjekkie rolt wordt nog steeds vreemd aangekeken – *draait hij daar een joint?* Een sjekkie wordt in het buitenland geassocieerd met zware fabrieksarbeid, lidmaatschap van de vakbond en het linkse intellect, schrijft journalist Wilbert Geijtenbeek. Na klompen en molens, wiet en Heineken, geniet shag in het buitenland ook een bescheiden status als typisch Nederlands product. Zo rookt hoofdpersoon Vincent Vega – gespeeld door John Travolta – in de misdaadfilm *Pulp Fiction* uit 1994 steevast Drum-shag, die hij in Amsterdam heeft leren kennen.

Uit de interne documenten is ook de succesvolle tactiek te destilleren van de Nederlandse fabrikanten om met zelfregulerende maatregelen te komen. Het Voorlichtingsbureau Sigaretten en Shag start in de jaren tachtig met advertentiecampagnes om het 'rookprobleem te deproblematiseren'. De campagne in 1985 heeft als motto: 'Roken moet mogen.' De tweede campagne had als slogan 'Gewoon roken of gewoon niet – We houden het gezellig.' Weer later wordt geadverteerd met de tekst 'Roken? Ook dat lossen we samen wel op.' Woordvoerder Wim Jansen van het voorlichtingsbureau schetst een beeld van een kantoor in de jaren tachtig, en de plek die de sigaret inneemt: 'Op de werkvloer kun je je aan veel dingen ergeren, zoals bijvoorbeeld aan die verpieterde plantjes, die knetterende tl-balken boven je hoofd of die vieze koffiekopjes op de bureaus. Daar praat je dan met elkaar over en wordt er een oplossing gevonden. Het roken kan ook zo'n irritatie zijn en die kun je onderling ook door overleg uit de wereld helpen.' In het jaaroverzicht van de sigaretten- en kerftabakindustrie uit 1989 wordt tevreden vastgesteld dat de 'Roken moet mógen'-campagne 'een succesvolle bijdrage heeft geleverd aan het voorkomen van gepolariseerde verhoudingen in de samenleving'.

Verder schrijft Philip Morris dat de Nederlandse tabaksfabrikanten eind jaren zeventig ook 'prettig' samenwerken met de overheid. Een groep artsen – onder wie de onvermijdelijke Meinsma – openbaart in een brandbrief naar staatssecretaris Roelof

Kruisinga van Volksgezondheid grote zorgen over het uitblijven van maatregelen op het gebied van roken en gezondheid. Zelfs de Nederlandse medische wereld houdt zich doofstom, en dat komt vooral vanwege het feit dat in Nederland de actie tegen het roken niet door de regering wordt gevoerd, maar vanuit particulier initiatief.

De upvolger van de campagne
'Roken moet mogen'.

De tabaksindustrie heeft een andere verklaring: 'Nederlanders hangen aan het principe van persoonlijke vrijheid, de kwestie rond het roken speelt niet echt.' Hoe dan ook, terwijl in Angelsaksische en Scandinavische landen al in de jaren zeventig en tachtig verstrekkende antirookmaatregelen worden genomen, blijft Nederland daarbij ver achter.

Toch is het een misvatting om te denken dat er helemaal geen kentering in het denken over roken plaatsvindt, of dat er helemaal geen maatregelen worden genomen. Van 1972 tot 1978 daalt het percentage rokers met tien procent; ongeveer de helft van de bevolking ouder dan vijftien rookt.

In 1980 mag voor het laatst reclame voor sigaretten worden gemaakt op televisie. Johnny Kraaijkamp, Willeke van Ammelrooy en Rutger Hauer zijn dat jaar te zien in een bekroond filmpje voor Roxy Dual, 'de lekkerste teer- en nicotine-arme sigaret'. Een jaar later komt er op alle pakjes een waarschuwing te staan: 'Roken bedreigt de gezondheid. De minister van Volksgezondheid en Milieuhygiëne.'

Nu de mogelijkheden op televisie en in openbare gelegenheden aan banden worden gelegd, intensiveert de tabaksindustrie de overgebleven promotiemogelijkheden. Er wordt volop geadverteerd in kranten en tijdschriften. In 1967 wordt nog voor 16 miljoen gulden geadverteerd, in 1985 bedraagt het mediabudget 40 miljoen gulden, en wordt er aan sponsoring van onder andere sport en kunst nog eens zo'n 90 miljoen gulden uitgegeven.

De fabrikanten investeren vooral in imagoreclame. Roken wordt geassocieerd met stoere, sportieve en avontuurlijke activiteiten. Zo is er de Camel Trophy, een avontuurlijke rally waarbij Land Rovers woeste landschappen doorploegen. Camel sponsort ook de rally Parijs-Dakar. Peter Stuyvesant richt zijn eigen windsurfteam op. Windsurfen is sinds eind jaren zeventig zeer populair, vooral onder jongeren, vandaar ook dat Pall Mall graag gratis sigaretten uitdeelt bij windsurfevenementen. Het wat chiquere Dunhill richt zich op de paardensport. Moederbedrijf Rothmans is een van de hoofdsponsors van de nationale tenniskampioenschappen die tot 1995 op 't Melkhuisje te Hilversum gehouden worden.

Ook auto- en motorraces zijn populaire sponsorobjecten. Zo is Marlboro vooral actief in de autoracerij; het sponsort mondiaal de Formule 1, en vanaf 1990 tot 2005 organiseert het de Marlboro Masters, een grootschalig evenement op het circuit van Zandvoort voor Formule 3-bolides. Marlboro beperkt zich echter niet tot de racerij, ook andere sporten en sporters worden gesponsord. Onder hen is één zeer exclusieve klant. Als prins Willem-Alexander in 1986 onder het pseudoniem W.A. van Buren de veertiende Elfstedentocht uitrijdt, valt hij op de finish zijn ouders in de armen in een rood-wit Marlboro-jack.

Bij de TT in Assen adverteren onder andere Lucky Strike en vloeipapierfabrikant Rizla volop. Prettige bijkomstigheid is dat veel coureurs zelf ook roken. Zo staat Egbert Streuer, die in de jaren tachtig met Bernard Schnieders een beroemd zijspanduo vormt, meer dan eens op het erepodium met een sjekkie in zijn mondhoek. Als reclame rondom sportevenementen aan banden wordt gelegd, dopen zij de zijspancombinatie 'Lucky Strike' om tot 'Lucky Streuer'. Ook de Nederlandse rallyheld Jan de Rooy – hij glorieert meerdere keren met zijn DAF-truck in Parijs-Dakar – is een verstokte roker, hij paft dagelijks twee pakjes weg. 'Ik weet het, het hoort niet bij topsport', laat hij optekenen. 'Maar ik heb niets met topsport, alles met transport.'

De jeugdzonde van koning Willem-Alexander.

De Groningse fabrikant Niemeyer, vooral bekend van Samson- en Javaanse Jongens-shag, komt in 1979 al met een speciale sportactie. Sportverenigingen kunnen lege pakjes sigaretten en shag opsturen naar Groningen, en worden dan beloond met vijf cent per pakje. Het laat zich raden dat vooral kinderen rond de velden pakjes zullen rapen. Konsumenten Kontakt spreekt direct van een 'schandelijke zaak' en ook sportkoepel NSF keurt de actie af.

Caballero, jarenlang Neerlands marktleider, heeft in de jaren tachtig hetzelfde probleem als Camel: een oubollig imago. Marlboro is onder jongeren veel populairder. Daarom lanceert Caballero midden jaren tachtig een campagne met jonge, knappe mensen in exotische oorden. Boven een foto van een avontuurlijk stel op een

171

tropisch strand staat: 'Jong, dynamisch, avontuurlijk.' Het paar figureert ook in een bioscoopreclame, waarin ze op een zeilschip de tropische wateren verkennen.

In de jaren tachtig rukt een marketingfenomeen op waarmee fabrikanten de opgelegde reclamebeperkingen omzeilen: *brand stretching*. Daarmee wordt, in marketingtermen, een 'imagotransfer' beoogd: het overdragen van associaties van een sterk merk naar een ander product. Oftewel, de naam, *look-and-feel* van het sigarettenmerk wordt gekopieerd naar niet-tabaksproducten. Fabrikant Laurens was hiermee eind jaren zeventig een van de eersten, door Caballero sherry op de markt te brengen. Later volgen Marlboro Leisure Wear, Camel Boots en West-kauwgom. Drum komt met een eigen tijdschrift, *Drumstore Magazine*, en een reis kun je boeken via Peter Stuyvesant Travel.

In de jaren tachtig en begin jaren negentig investeert de tabaksindustrie ook miljoenen dollars in de filmindustrie in Hollywood. Filmhelden roken, of sigarettenmerken zijn – op niet al te nadrukkelijke wijze – zichtbaar. *Product placement* heet dat in marketingtaal, je zou het ook sluikreclame kunnen noemen. Zo verslaat de titelheld in *Superman II* (1980) zijn tegenstanders in de *grande finale* tegen een achtergrond van Marlboro billboards.

De Stichting Volksgezondheid en Roken (Stivoro) concludeert in 1985 dat de vele promotionele activiteiten succes hebben: het aantal rokers in de leeftijd van 15 tot 19 jaar neemt toe. Roken is nog altijd stoer. Journalist Henk Hofland stelt ter verklaring daarvan dat de eerste sigaret de intrede in de grotemensenwereld markeert. Jonge mensen gaan tussen hun twaalfde en hun achttiende roken, omdat ze dan gaan begrijpen dat ze de strijd met het leven moeten aangaan, en ze 'instinctief' beseffen dat die opgave groter is dan ze zomaar aankunnen. De tabak biedt in dat proces troost voor de ontoereikendheid van het bestaan en het besef van de eigen sterfelijkheid. Columnist Frits Abrahams illustreert dat inzicht aan de hand van zijn herinnering aan zijn eerste sigaretten. 'Thuis begon ik af en toe een sigaret van het merk Paramount achterover te drukken. Paramount, alleen al die naam maakte dromen los naar verre, nieuwe werelden, waarin de rokende man spelenderwijs het succes kreeg dat hij verdiende: avonturen, vrouwen, geld.'

Het beeld dat sigarettenfabrikanten neerzetten in advertenties spreekt jongeren eind jaren tachtig, begin jaren negentig kennelijk nog altijd aan. In de bushokjes-nieuwe-stijl worden grote posters opgehangen en het glas van de abri's wordt keer op keer ingeslagen door jongeren die graag een sigarettenposter (bier- en lingeriereclames zijn ook populair) willen bemachtigen. Dat blijft zo als de posters ter bestrijding van het vandalisme worden weggegeven.

De fabrikanten denken dan ook goed na over de afbeeldingen. Zo komt een Samson-campagne van reclamebureau Ara niet door de keuring van eigenaar Niemeyer, omdat het promoten van het ruige imago te ver was doorgeschoten. De muzikanten die op de posters staan lijken te veel op heroïnetypes, zo krijgt creatief directeur Leon Bouwman van Ara te horen. 'Het moest meer warmte en lol uitstralen. De briefing was een complete checklist. Er moest een neger in, een vrouw, het moest stoerheid en rauwheid uitstralen, een beetje Bruce Springsteen-achtig. En niet te veel hardrock; iedereen moest zich ermee kunnen identificeren.'

Sigarettenfabrikanten hebben er ook belang bij dat de winkeliers hun rookwaar goed kunnen slijten. Veel kleine zaakjes waar uitsluitend tabaksproducten worden verkocht, houden het niet vol. Allereerst is er de moordende concurrentie, maar winkeliers moeten na verloop van tijd ook aan steeds meer eisen voldoen, bijvoorbeeld op het gebied van beveiliging en rookventilatie. Fabrikanten helpen de winkeliers bij het voldoen aan deze eisen en zo ontstaan Dunhill-, Rothmans-, en Caballero-winkels. Het assortiment van deze zaken wordt uitgebreid met tijdschriften en boeken, loterijen en snoep. Uit dit soort gemakswinkels ontstaat in 1987 een nieuwe franchiseformule onder de naam Primera. De inrichting van de aangesloten tabakszaken wordt gemoderniseerd en er is ruim baan voor tabaksreclame in de vorm van displays. De nieuwe formule slaat aan, veel kleine tabakszaken op wijk- en buurtniveau worden omgebouwd tot Primera-filialen. Anno 2013 telt Primera zo'n vierhonderd aangesloten winkels.

'ZE GAAN MIJ VAST LYNCHEN'

Polarisatie in plaats van tolerantie

In 1987 wordt in Nederland een nieuwe Tabakswet van kracht. Een algeheel reclameverbod komt er tot opluchting van de tabaksindustrie niet. Wel spreken de fabrikanten met de Stichting Reclame Code af dat men zich 'terughoudend' zal opstellen en belooft men dat er geen pogingen zullen worden ondernomen om jongeren tot achttien jaar aan het roken te krijgen of te houden. Op scholen zal geen tabaksreclame meer worden gemaakt. Ook wordt tabaksreclame in het openbaar vervoer aan banden gelegd. Pall Mall mag bij het windsurfen dus ook geen gratis sigaretten meer uitdelen en Laurens stopt met haar Caballero-discoshows.

De antirookmaatregelen leiden ertoe dat steeds minder mensen roken, maar degenen die dat nog wel doen, roken steeds meer. Dat is te danken aan het feit dat de light-sigaretten steeds populairder zijn geworden. 'In die week-gekleurde verpakkingen, die je eerder aan geneesmiddelen dan aan genotmiddelen doen denken,' aldus cabaretier Paul van Vliet. De lights en ultralights bevatten minder nicotine. Van Vliet, voorheen Caballero-roker: 'Ik rook me dus nu te pletter om aan mijn quantum te komen.' Hij is niet de enige. In 1967 steekt een roker jaarlijks gemiddeld 4700 sigaretten op, in 1985 zijn dat er achtduizend. Het voordeel is wel dat de bruine rookvingers, een gevolg van het hoge teergehalte, minder vaak voorkomen.

In 1990 stabiliseert het aantal rokers in ons land zich, het zijn er dan zo'n vier miljoen. Het aandeel van de vrouwen is toegenomen en in 1988 vindt de helft van de zwangere vrouwen het geen probleem om te roken. De overheid zint op verdere maatregelen. In het kader van het programma van de Wereldgezondheidsorganisatie, 'Gezondheid voor iedereen in het jaar 2000', stelt de regering zich ten doel om het percentage rokers aan het eind van het millennium terug te brengen tot twintig.

Om dat doel te bereiken wordt gewerkt aan strengere maatregelen. In 1988 lopen het Rotterdamse Dijkzigt en Sophia kinderziekenhuis op de troepen vooruit, met – voor die tijd – vergaande beperkende maatregelen. Het personeel mag uitsluitend tijdens koffie- en lunchpauzes roken. Voor hen worden rookruimtes ingericht, ziekenbezoek moet naar buiten. Het zorgt voor verontwaardigde reacties onder de rokende patiënten, zo tekent *Het Vrije Volk* op: 'De zevende etage, afdeling Heelkunde van Dijkzigt. De patiënten in de lifthal zitten stug te roken. Schoteltjes worden als asbak gebruikt. Een enkeling heeft een 'eigen asbak' van thuis meegebracht, want in Dijkzigt zijn nog maar op enkele plaatsen asbakken te vinden. De patiënten van Heelkunde halen hun schouders op. Ze weten allemaal dat roken slecht is. "Iedereen moet toch voor zichzelf weten of hij wil roken of niet," zegt mevrouw Tetering. "Aan de ene kant verbieden ze ons het roken, aan de andere kant staan ze het toe. Je mag in het trappenhuis gaan zitten. Maar als je pas geopereerd bent dan is het daar niet zo behaaglijk. Je tocht er weg." Een ander valt haar bij: "We worden wel eens op de vingers getikt maar zolang de dokter nog langsloopt met een sigaar in zijn hand gaan wij ook door. De ruimte in het trappenhuis is ook veel te klein. Er staan een paar stoelen. Verder moet men dus op de koude traptreden zitten. En dat in een ziekenhuis!"

Op de achtste verdieping, Gynaecologie, zijn de patiënten evenmin erg ingenomen met de maatregel. Voorzichtig manoeuvreert een mevrouw in een rolstoel door de deur naar het trappenhuis. Het platform tussen de trappen is zo klein dat ze met het wiel van haar stoel rakelings langs de rand schuift. Ook hier wat stoelen en een kruk met een asbak erop die de manoeuvre bemoeilijken.

"Schandalig," zegt ze verontwaardigd. "In de huiskamer van het ziekenhuis zit bijna niemand meer. Je zoekt toch sociale contacten. Ik heb een open wond en moet de rolstoel gebruiken. Ik vraag me af of de brandweer dit weet. Het kan toch nooit de bedoeling van een brandtrap zijn dat die wordt gebruikt als zitje. Een opname is toch al vervelend. Je bent uit je gewone doen, dan grijp je nog eerder naar een sigaret."

De directie van Dijkzigt verandert door de negatieve geluiden niet van gedachten. "Wij zouden eigenlijk een geheel rookvrij ziekenhuis willen hebben," zegt de verpleegkundig directeur van Dijkzigt, mevrouw Breugem. "We zullen er alles aan doen om het roken zo veel mogelijk terug te dringen. Natuurlijk weet iedereen al jaren wat voor een schade nicotine aanricht en ziekenhuizen zijn er tenslotte om de mensen te genezen. We draaien nog proef maar weten zeker dat we doorgaan met het ontmoedigen van het roken."'

Vijfentwintig jaar later is amper voor te stellen dat het roken in een ziekenhuis ooit toegestaan was. Tot in de operatiekamers werd gerookt. Verstokte rokers zijn nu aangewezen op 'bushokjes' of soortgelijke schuilhutjes buiten de ingang van de hospitalen. Daar vind je nu de meest verstokte rokers, bezoekers en zieken, soms met infuus en al. Hoe hardnekkig een verslaafde vasthoudt aan zijn gewoonten, zelfs als hij stervende is, beschrijft A.F.Th. van der Heijden (zelf geen roker), in de romans *Vallende ouders* en *Asbestemming*, als hij zijn vader de maat neemt.

Van der Heijden sr. was, 'strikt naar de letter van de definitie genomen', geen kettingroker ('iemand die de ene sigaret met de andere aansteekt'). 'Hij zorgde ervoor dat nog tijdens het ten einde komen van het roken van een sigaret de volgende al naast het pakje lag. Restte tussen zijn vingers alleen nog een peuk, dan nam hij deze in de mond om een nieuwe sigaret uit het pakje te kunnen tikken. Alles geschiedde met de grootste aandacht. In het achterover gehouden hoofd ging het ene oog helemaal, en het andere half dicht tegen de rook die langs zijn neus omhoog lekte. De nieuwe sigaret werd, op de tast bijna, heel secuur tussen het pakje en een doosje lucifers ingeklemd, alsof hij van het verminderd zicht van de roker misbruik zou kunnen maken door weg te vliegen en zo zijn lot te ontlopen... Vervolgens nam de man het peukje uit de mond, doofde het in de asbak, stak de nieuwe sigaret tussen zijn lippen en streek een lucifer af. Wat hij uitblies moest een mengsel zijn van oude en nieuwe rook.'

Op zijn sterfbed, Van der Heijden sr. is dan 'technisch' al niet meer in staat te roken, vraagt hij zijn vrouw toch een pakje Lexington mee te nemen, en een wegwerpaansteker. 'Je bent gek. Nou nog roken?', antwoordt zij. 'Niks roken. Om in m'n kastje te leggen.'

'Zij protesteerde verder niet, en bracht de volgende dag het gevraagde in haar handtas mee. Hij sloot het pakje, ongeopend, samen met de aansteker in zijn nachtkastje weg. Voor mijn moeder was het verleidelijk te denken dat hij, in zijn wroeging om alles wat hij bij zichzelf had aangericht, de sigaretten binnen handbereik had willen hebben om zichzelf te tarten, om zichzelf en de anderen in die laatste dagen van hoop te bewijzen dat hij – vrijwillig – zonder kon. Ook al was het te laat, dan zou hij ons in ieder geval zijn goede wil nalaten.'

Affiche van de toenmalige Club van Actieve Niet-rokers (can), 1991.

Van der Heijden heeft zelf een andere uitleg: 'Niet om alsnog de strijd aan te gaan met de verlokkingen van het tabaksmonster had hij die sigaretten in zijn ziekenhuiskastje neergelegd. Wat hem zijn leven lang, vanaf zijn elfde, het intiemst begeleid had, wilde hij in die laatste dagen koesteren – door het dicht bij zich te hebben, samen met het snel te ontsteken vuur waardoor het altijd zijn dampen prijsgegeven had. Dit gold voor mij als een veel grotere

177

heldendaad, en liet bovendien, door een kier, zien dat in de man poëzie school.'

De antirookbeweging laat in de loop van de jaren tachtig steeds luider van zich horen. Zo start Stivoro op 27 oktober 1987 een campagne tegen passief roken op de werkvloer, met een paginagrote advertentie in de dagbladen: 'Wie helpt de niet-roker van het roken af?' De stichting becijfert dat een werknemer die een werkweek van veertig uur tussen rokende collega's doorbrengt, ongewild vijf hele sigaretten per dag inhaleert. De tabaksindustrie is *not amused*, verwijt Stivoro dat het bewijs voor deze stelling ontbreekt, en start een kort geding. Een bodemprocedure volgt en in een tussenvonnis stelt de rechter dat Stivoro met de gewraakte advertentie 'de grens van het toelaatbare' niet had overschreden. De stichting krijgt vervolgens gelegenheid aanvullend bewijs te overleggen voor de stelling. De tabaksindustrie reageert door royement van de procedure te vragen. De zaak wordt inderdaad stilgelegd, waardoor de industrie 'een gelijkspelletje' kan claimen.

Naast Stivoro is er nog een vereniging die zich fanatiek tegen het roken verzet, Clean Air Nederland. CAN werd in 1974 opgericht als Club van Actieve Niet-rokers en hanteert militante methoden. Voorzitter Fons Nijpels en zijn geestverwanten zitten tijdens een televisie-uitzending over roken met gasmaskers op de publieke tribune. Nijpels beschuldigt media van leugenachtigheid over doodsoorzaken van bekende Nederlanders. Bij het bericht van de dood van CDA-politicus Enneus Heerma had niet 'ziekbed' of 'kanker' moeten staan, maar 'tabaksdode'.

Wim Bongers, de eerste voorzitter van de CAN, vertelde aan een mede CAN-lid hoe hij in 1971 als pasbenoemd lid kennismaakte met een adviescommissie van het ministerie van Landbouw. Als alle andere leden een sigaret of een sigaar opsteken, steekt Bongers een schoenveter aan. Die had hij steevast voor dit soort gelegenheden bij zich. Iemand vroeg: 'Wat rook jij daar?' Bongers: 'Een veter'? 'Doe uit, dat ding stinkt!' Bongers: 'Welnee, ik ben daar verzot op, maar wat jij rookt, dat vind ik stinken!'

De naamsverandering van de CAN, halverwege de jaren negentig, markeert de overgang van 'verbitterd activisme naar het streven naar bewustwording op tactische, haast politieke wijze', zo schrijft *de Volkskrant* in een profiel van deze club. Niet dat de CAN zijn activistische veren helemaal verliest. In 1993 patrouilleert CAN-penningmeester E.P. van Hagen in het Tweede Kamergebouw om te zien of het nieuwe rookverbod in gebouwen die voor het publiek toegankelijk zijn wel wordt gehandhaafd. Van Hagen sluipt door de wandelgangen van het Binnenhof en geeft stiekeme rokers onmiddellijk aan bij het hoofd van de plaatselijke beveiligingsdienst. De actie wordt door de parlementariërs niet gewaardeerd, en Van Hagen wordt te verstaan gegeven zijn actie te staken.

De 'educatieve omroep' Teleac start in 1991 een programma, gepresenteerd door radioman Frits Spits, om rokers van hun gewoonte af te helpen. Een paar jaar later begint de Engelse publicist Allen Carr, een kettingroker die meer dan honderd sigaretten per dag rookte, aan een reeks zeer succesvolle zelfhulpboeken. Er worden over de hele wereld miljoenen van verkocht. Hij overlijdt in 2006 aan longkanker, mogelijk ook omdat hij tijdens groepssessies die hij organiseerde nog vaak tabaksrook inademde.

Rond die tijd valt ook een voormalig rookicoon weg: een van de cowboys die gestalte gaven aan de Marlboro Man. Wayne McLaren, Hollywoodacteur, rodeorijder en stuntman, overlijdt in 1992 aan longkanker. Hij werd in 1975 ingehuurd. In zijn necrologie wordt hij omschreven als 'de verleidelijke en viriele roker die de roep van de Amerikaanse wildernis volgt'. McLaren rookte vijfentwintig jaar lang meer dan dertig sigaretten per dag. Toen in 1990 bij hem longkanker werd geconstateerd, wierp hij zich op als antitabakskruisvaarder.

Een ander rokend boegbeeld legt bijna het loodje. Johan Cruijff was als trainer en speler een fanatieke roker. Hij rookt als trainer van FC Barcelona nog altijd twee pakjes per dag. Het leven als coach van een mondiale topclub is stressvol, en de peuk helpt Cruijff erdoorheen. Totdat hij in februari 1991 wordt getroffen door een hartaanval. Hij ondergaat een succesvolle bypassoperatie en verruilt, eenmaal terug op de trainersbank, de sigaret voor een lolly. Intussen figureert hij in een opzienbarende antirookcommercial voor de Spaanse televisie. Gehuld in een lange regenjas houdt hij een pakje sigaretten hoog als een voetbal, terwijl hij vertelt: 'In mijn leven had ik twee passies: voetbal en roken. Voetbal heeft me alles gegeven, roken heeft bijna alles van me afgenomen.' Waarna hij het pakje sigaretten wegtrapt en het uit elkaar spat.

Het vallen van de Berlijnse Muur en het instorten van het Sovjetrijk zijn intussen een geluk voor de westerse rookindustrie. De vrije Russen en nieuwe Europeanen uit het voormalige Oostblok, die jarenlang in de rij hebben gestaan voor een stuk brood of groente, verlangen hevig naar Mercedes, McDonald's en Marlboro. Op enig moment is er in de Sovjet-Unie schaarste aan staatssigaretten, waarna partijleider Gorbatsjov zich genoodzaakt ziet westerse sigaretten te importeren. Die waren lange tijd alleen verkrijgbaar in zogenaamde *Freedomshops*, waar buitenlanders konden winkelen.

Vier acteurs die – naar eigen zeggen – de rol van Marlboro Man vertolkten, overleden aan een ziekte gerelateerd aan roken. Het leverde Marlboro de bijnaam 'Cowboy killer' op.

In Oost-Europa leeft het besef dat sigaretten schadelijk zijn niet op dezelfde manier als in het beloofde land, Amerika. Daar zijn de veranderde opvattingen over roken ook zichtbaar in Hollywoodfilms. Als er al gerookt wordt, dan door de slechterik. Hoewel statistisch wordt vastgesteld dat er sinds 1990 veel minder gerookt wordt in films, zien filmmakers de sigaret nog steeds als een handig instrument om een personage een stoer, rebels, of kwaadaardig karakter toe te schrijven. In *Face Off* uit 1997 speelt Nicolas Cage zowel de slechterik Castor Troy als de held Sean Archer. De laatste is een niet-roker, terwijl Castor Troy erop los rookt. Sharon Stone is in *Basic Instinct* (1992) ook een slechterik, zij het in een iets andere verschijningsvorm. Ze wordt verdacht van moord en steekt tijdens haar ondervraging direct een sigaret op, hoewel haar verteld wordt dat dat niet mag. 'What are you gonna do, charge me with smoking?' vraagt ze retorisch. Sensueel en stevig doorpaffend brengt de femme fatale haar ondervragers in verwarring, wat ze completeert door haar benen zó over elkaar te slaan, dat de mannen wel moeten vaststellen dat ze geen slipje draagt.

In de kaskraker *Titanic* staat hoofdrolspeler Leonardo DiCaprio peinzend op het dek van het schip dat zal zinken, en rookt volop. In *Titanic* is roken sexy, sociaal, sophisticated en rebels, schrijft *The New Yorker*. En hoe slecht roken ook mag zijn, aan het eind gaat toch zo'n beetje iedereen dood.

Sinds 1998 geldt voor Hollywoodfilms echter wel een reclameverbod, zodat de schurk of antiheld een merkloze sigaret moet opsteken. In *Smoke* uit 1995 verzucht Auggie Wren (Harvey Keitel), de eigenaar van een sigarenwinkel: 'Vandaag doen ze de tabak in de ban en morgen seks.'

Ook striphelden ontkomen niet aan de censuur. Net als in het gewone leven rookten die vaak volop, zoals Paulus de Boskabouter en Olivier B. Bommel, beiden beroemde pijprokers. Cowboystripheld Lucky Luke rookte altijd sjekkies – zoals echte cowboys dat honderd jaar geleden deden. Zelfs zijn paard Jolly Jumper pafte wel eens mee. Maar dat beeld wordt bijgesteld als er in de Verenigde Staten een nieuwe tekenfilm van de cowboyheld uitkomt: de *poor lonesome cowboy* heeft voortaan een grassprietje in zijn mondhoek bungelen.

In 1999 wordt Opa Tromp, de gezellige sigarenroker uit de strip *Jan, Jans en de kinderen* ingezet bij een campagne van Stivoro tegen het meeroken door kinderen. Hij moet voortaan naar buiten als hij aan zijn sigaar wil lurken, want in het *Libelle*-gezin is een kleinzoon geboren: 'Ik ben onverbiddelijk!' roept vader Jan.

Kinderen worden ervan bewust gemaakt dat ze het niet hoeven te pikken dat hun ouders de woonkamer of auto blauw zetten van de rook. Op de lp *Kinderen voor Kinderen 2* uit 1981 staat het nummer 'Roken': 'Ik heb toch zo'n hekel aan roken/ o, ik vind die lucht zo naar/ als er een sigaret wordt opgestoken/ dan ben ik de sigaar.' Op *Kinderen voor Kinderen 7* uit 1986 staat 'De Lek', een hartverscheurend lied van het duo Harry Bannink en Jan Boerstoel, waarin een jongen vertelt over het verlies van zijn rokende vader:

> 'Vroeger, vorig jaar nog,
> ging ik met mijn vader samen
> dikwijls fietsen langs de Lek,
> over hele smalle dijken,
> waar je altijd uit moest kijken,
> want er reden ook wel auto's en die scheurden
> als een gek
> en soms zaten wij te rusten op een hek,
> zo met achter ons de koeien
> en voor onze neus de schepen
> en we zeiden niks omdat we
> dan elkaar zo goed begrepen
> en mijn vader nam zo af en toe een trek,
> want mijn vader rookte altijd zware sjek'

Vader wordt ziek, het kwam nogal onverwacht:

> 'Veertien dagen thuis gebleven,
> maar hij bleef maar overgeven
> dus toen hebben ze hem toch maar naar het
> ziekenhuis gebracht
> en daar bleek het stukken erger dan hij dacht
> eerst heeft hij nog op een zaaltje
> met drie anderen gelegen
> maar al gauw heeft hij een kamer
> voor zichzelf alleen gekregen
> en die ziekte kreeg hem steeds meer in zijn macht,
> net zo lang tot hij dood ging op een nacht
> Bijna elke dag nog moet ik aan mijn vader denken en dan tel
> ik gauw tot tien.'

182

Zo gaat ook in Nederland de tijd van het onbezorgde roken definitief voorbij. De asbakken worden uit de toiletten geschroefd, het is niet meer vanzelfsprekend om na een heerlijke maaltijd de huiskamer eens lekker blauw te zetten. Ook menig slaapkamer, waar na een hartstochtelijke vrijpartij vaak een sigaret werd opgestoken, wordt langzaamaan rookvrij. Een *American breakfast* – de dag beginnen met koffie en sigaretten – is voorbehouden aan de echte *die hards*.

Het verschijnen van de verhalenbundel *De laatste roker* in 1991, van de hand van W.F. Hermans, is dan ook goed getimed. De schrijver is decennialang een verwoed roker – drie pakjes Gauloises per dag – en befaamd om zijn hoestbuien. Hij overlijdt uiteindelijk aan longemfyseem. Hermans ergerde zich aan de antirookstemming. In *De laatste roker* is de hoofdpersoon, Vroegindewey, een verstokte oude roker in een toekomstige, fascistoïde samenleving waar het Nederlands als voertaal is vervangen door het Engels en roken ten strengste verboden is. Wegens ernstige luchtvervuiling dragen de mensen op straat gasmaskers. Aan illegaal verbouwde tabak kan veel worden verdiend, maar de repressie is hevig. 'Je las wel eens in de krant dat de politie er met vlammenwerpers op uit trok om een clandestien met tabak beplant akkertje plat te branden,' weet Vroegindewey. Hij wordt door een politieteam van de straat geplukt als hij buitenshuis een Gauloise opsteekt. Een jonge politieagente die hem arresteert walgt van het roken. 'Als je het mij vraagt, moesten ze die oudjes allemaal vergassen. De lucht verpesten met hun stinksigaretten! Andere mensen de kanker laten krijgen!' Vroegindewey waant zich binnenshuis lange tijd veilig, maar bekoopt een politie-inval met de dood, als hij de verstopplaats van zijn tabak weigert prijs te geven.

In de loop van de jaren negentig gaan, naar Amerikaans voorbeeld, ook de Nederlandse luchtvaartmaatschappijen KLM, Transavia en Martinair over tot een rookverbod. Daardoor lopen ze een kwart van hun boekingen mis. Dat wordt althans geschat door het Nederlandse Bureau Voorlichting Tabak. Dat bureau ondervraagt negenhonderd luchtreizigers, en meer dan de helft van de zakelijke reizigers en 40 procent van de rokers uit 'andere groepen' zegt in de toekomst bij voorkeur te zullen boeken op vluchten waar

183

roken wel mag. Het voorlichtingsbureau erkent echter dat die reizigers dan beperkt zullen zijn in hun keus. Want steeds meer maatschappijen, vooral op vluchten naar de Verenigde Staten en Canada, verbieden het roken aan boord van hun vliegtuigen. Het bescheiden pr-offensief tegen het rookverbod tijdens vluchten is een verloren strijd; vliegtuigen die nog voorzien zijn van – jarenlang ongebruikte – asbakjes sterven langzaam uit.

In de Verenigde Staten gaat men nog een stapje verder met beperkende maatregelen. Zo gaat in 1997 de laatste wens van Larry White niet geheel in vervulling. Hij is ter dood veroordeeld wegens moord en zijn laatste wens is een maaltijd bestaande uit lever met ui, geitenkaas en tomaat en een sigaret. Zijn maaltijd krijgt hij geserveerd, maar die sigaret krijgt hij niet, zo meldt *The Guardian*. Roken in penitentiaire inrichtingen in Texas was namelijk kort daarvoor bij wet verboden omdat het schadelijk is voor de gezondheid van gevangenen. Kort daarna krijgt White een dodelijke injectie.

In Nederland is de houding van de staat ten opzichte van de sigaret heel wat ambivalenter. Het ministerie van Volksgezondheid steunt Stivoro in zijn strijd tegen het roken waar het kan, met miljoenen guldens subsidie per jaar. Tegelijkertijd onderhouden de tabaksindustrie en de ministeries van Economische Zaken en Financiën tot midden jaren negentig warme banden. Reden: de rokers brengen jaarlijks miljarden in het overheidslaatje. In politiek Den Haag staan volksgezondheid en financieel-economische belangen dus lijnrecht tegenover elkaar. Van gelijke verhoudingen – uitgaven aan rookbestrijding versus accijnsinkomsten – is bepaald geen sprake. Oud-politicus en ex-roker Marcel van Dam noemt dit 'de ultieme uitwas van het ongeciviliseerd kapitalisme'.

In 1991 dreigt de tabaksaccijns als gevolg van Europese wetgeving flink omhoog te gaan. Tegelijkertijd werkt Philip Morris aan capaciteitsuitbreiding van zijn fabriek in Bergen op Zoom. Het gaat om een forse investering die veel nieuwe arbeidsplaatsen oplevert. Maar als de accijnsverhoging doorgaat, dan vertraagt dat de uitbreiding en komen toekomstige investeringen op losse schroeven te staan, zo maakt het bedrijf aan het ministerie van

Economische Zaken kenbaar. CDA-minister Koos Andriessen van EZ schrijft daarop een briefje aan de minister van Financiën, Wim Kok, dat begint met: 'Beste Wim'. Andriessen vraagt zijn collega Kok de directie van Philip Morris te ontvangen. 'De positieve houding van jouw ministerie met betrekking tot het tot stand komen van een nieuwe belastingregeling stel ik zeer op prijs.'

Kok heeft inderdaad een kort onderhoud met een afvaardiging van Philip Morris, maar de accijnsverhoging gaat toch door. De betrokken ministers en ambtenaren van EZ uit die tijd willen jaren na dato niet praten over hun band met de tabaksindustrie. En in ambtsdocumenten, die met een beroep op de Wet Openbaarheid van Bestuur kunnen worden opgediept, zijn de cruciale passages vaak weggelakt.

Inmiddels is de band tussen de tabaksindustrie en politiek Den Haag lang niet meer zo innig als hij ooit was. Al hebben invloedrijke mensen en politici zich in het recente verleden nog altijd ingezet voor het behartigen van de rookbelangen in de politiek. Zoals Laurentien 'Nicotientje' Brinkhorst, dochter van voormalig minister Laurens Jan Brinkhorst en echtgenote van prins Constantijn. Zij lobbyde enige tijd in Brussel. CDA-politicus Hans Hillen stond als lobbyist op de loonlijst van British American Tobacco – iets dat hij bij zijn aantreden als senator in de Eerste Kamer vergat te melden. Bij het aanvaarden van zijn post als minister van Defensie komen zijn inspanningen voor de industrie alsnog boven water, maar Hillen bagatelliseert zijn dienstverlening. Naar eigen zeggen was er slechts sprake van 'een keer of vier samen sparren'.

De grootste fabriek van Philip Morris buiten de Verenigde Staten – in Bergen op Zoom – is er evengoed gekomen. Jarenlang rollen er per uur tientallen miljoenen sigaretten van de band. Daaronder ook het meest verkochte sigarettenmerk ter wereld, Marlboro. Nederland was zodoende een van de grootste tabaksexporteurs ter wereld. Wás, want in april 2014 maakte Philip Morris bekend dat de fabrieksdeuren alsnog gesloten worden. Er werd in Bergen op Zoom vooral geproduceerd voor de Europese en Japanse markt en juist daar valt de verkoop tegen. Al werd er in 2012 nog 115 miljoen euro winst gemaakt – vijfentwintig miljoen

meer dan het jaar ervoor – de directie besloot te anticiperen op
nog slechtere verkoopcijfers. Met het ontslag van zo'n 2000 werknemers tot gevolg. Door de sluiting van de West-Brabantse fabriek
is het na honderddertig jaar gedaan met de sigarettenproductie
in Nederland en resteren slechts de fabrieken in Joure (Drum en
Van Nelle) en Groningen (Javaanse Jongens en Samson) waar shag
wordt geproduceerd.

Ons land mag dan lange tijd een belangrijke verspreider van de
sigaret zijn geweest, van een rijke schakering aan producenten was
al lang geen sprake meer. Van de talloze fabrieken en fabriekjes
die ons land ooit rijk was, zijn er als gevolg van jarenlange schaal-
vergroting dus nog maar twee over.

Een toonbeeld van Hollands koffie- en tabaksglorie dat in
vreemde aandeelhoudershanden is overgegaan, is Van Nelle. De
roots van deze onderneming gaan terug tot 1782, toen het echtpaar
Johannes en Hendrica van Nelle in Rotterdam een winkel in koffie,
thee en tabak opende. Van Nelle werd vooral groot met koffie, maar
ook de shag verkocht goed. In 1989 werd Van Nelle overgenomen
door concurrent Sara Lee-Douwe Egberts, en in 1998 nam het
Engelse Imperial Tobacco de shag- en sigarettenafdeling over: de
fabrieken in Drachten en Meppel werden direct gesloten.

Het Friese Douwe Egberts is zelfs nog iets ouder dan Van
Nelle: in 1753 opende het echtpaar Egbert Douwes en zijn vrouw
Akke Thysses in Joure een winkel in koloniale waren, De Witte
Os. Zoon Douwe Egberts richtte zich vervolgens op het bewerken
en mêleren van koffie, thee en tabak. De koffietak kwam stapsge-
wijs in handen van het Amerikaanse Sara Lee, maar werd weer
zelfstandig. Onder de naam D.E. Master Blenders 1753 NV is het
bedrijf in 2012 naar de beurs gegaan. De shagfabriek van Douwe
Egberts in Joure heeft de fusierondes overleefd en is zelfs de grootste
van Europa.

Meindert Niemeijer is de Groningse evenknie van Douwe
Egberts en Van Nelle. In 1819 opende hij een winkeltje voor koloniale waren en tabak, net buiten de stad. Zoon Theodorus richtte
een eigen tabaksfabriek op, en het accent kwam op shag – in jar-
gon: kerftabak – te liggen. Samson en Javaanse Jongens zijn de

beroemdste Groningse merken. Het bedrijf floreerde en kreeg bij het 150-jarig bestaan, in 1969, het predicaat 'Koninklijk'. De Koninklijke Theodorus Niemeyer BV komt in 1990 in handen van de internationale Rothmans Groep, en al gauw wordt de productie van sigaretten uit kostenoverwegingen stopgezet. Turmac uit Zevenaar (producent van onder andere Peter Stuyvesant en Dunhill) en de Haagse sigarettenfabrikant Laurens (vooral bekend van Caballero) sluiten zich ook aan bij Rothmans, en ondergaan eenzelfde lot: de fabrieken gaan dicht.

Het is dan nog niet gedaan met de fusiedrift. Rothmans Nederland gaat in 1999 samen met British American Tobacco. Naast Philip Morris in Bergen op Zoom, heeft ook een andere overgebleven reus een vestiging in Nederland: JTI, de Japan Tobacco Inc. Dat conglomeraat nam in 1999 de Amerikaanse multinational R.J. Reynolds voor een kleine acht miljard (!) dollar over, en is vooral bekend van het merk Camel.

Met het sluiten van de kleine en grote tabaksfabrieken is niet alleen veel werkgelegenheid verloren gegaan. Als gevolg van de sluiting van de Turmac-fabriek in Zevenaar in 2008 – de productie is naar Polen en Duitsland verplaatst – verdwijnt een bindende factor in de samenleving. Het bedrijf organiseerde tal van culturele en sportieve activiteiten; het was verbonden aan de plaatselijke voetbalclub, organiseerde exposities en theatervoorstellingen, en reikte prijzen uit aan mensen die zich verdienstelijk maakten voor de regio. Turmac liet ook iets tastbaars na: de Peter Stuyvesant Collectie. Alexander Orlow was een bevlogen directeur en kunstliefhebber, die de geestdodende werkomstandigheden van zijn personeel wilde doorbreken met 'kleur, klank en kunst'. Hij nodigde in 1960 een aantal kunstenaars uit om aan de slag te gaan met het thema 'levensvreugde'. De werken kwamen in de fabriekshallen te hangen, en ook fabrieksinstallaties werden onder handen genomen; ze kwamen eruit te zien als gigantische kunstwerken. In de volgende decennia groeide de kunstverzameling uit tot een collectie van meer dan duizend werken, variërend van schilderijen en tekeningen tot grafisch werk, sculpturen en foto's, van kunstenaars als Karel Appel, Armando, Lucebert en Klaas Gubbels.

Het veelal laaggeschoold personeel werd in 1960 ondervraagd

over hun nieuw vormgegeven werkomgeving: 86 procent vond het 'prettig' dat het werk is opgehangen, maar 80 procent zag nog veel liever schilderijen van 'werkelijke afbeeldingen'. Oftewel: schilderijen ophangen, best, maar liever niet dat rare abstracte gedoe. Maar een unieke verzameling was het. In 2012 gaat het in gedeeltes onder de veilinghamer en brengt in totaal maar liefst 18 miljoen euro op.

De verhoudingen tussen politiek en tabaksindustrie komen anders te liggen als Els Borst in 1994 in het eerste Paarse kabinet aantreedt als minister van Volksgezondheid. Borst is opgeleid als arts, op haar drieëntwintigste ging ze als coassistent aan de slag in een ziekenhuis. Haar eerste patiënt was een man die stervende was aan longkanker. Dat maakte diepe indruk. Borst rookte zelf, ze was immers een jongvolwassene in de jaren vijftig, maar stopte er al gauw mee. Als minister is ze vastbesloten snel strenge maatregelen door te voeren en zich niet te laten weerhouden door de belangen van andere ministeries. Ze wil een rookverbod op de werkvloer en in het openbaar vervoer en een totaalverbod op tabaksreclame.

Maar de politieke praktijk blijkt weerbarstig. Vooral CDA en VVD – pleitbezorgers van het recht op keuzevrijheid en ondernemerschap – vinden dat de overheid zich moet onthouden van 'betuttelende' maatregelen. CDA-Kamerlid en arts Siem Buijs vindt: 'Je kunt de maatschappij wel veranderen, maar niet alleen met ge- en verboden.'

De Tabakswet wordt toch aangepast, zij het pas in 2002. Els Borst krijgt alle lof toegezwaaid voor het invoeren van deze strenge wetgeving, die ze er samen met een groep toegewijde ambtenaren heeft door gekregen. En dat terwijl de Europese richtlijn waar de Nederlandse wet op gebaseerd is, was gesneuveld voor het Europese Hof van Justitie. In Europa verzetten vooral Duitsland en Griekenland zich tegen strenge maatregelen. Volgens *Trouw*-journalist Joop Bouma komt dat doordat Helmut Kohl op dat moment een vurig pleitbezorger is van de belangen van de tabaksindustrie. Onze oosterburen zouden 'bijzonder ontvankelijk' zijn voor de lobby van de sigarettenfabrikanten. Griekenland krijgt van Europa miljoenen subsidie voor de tabaksteelt en ziet haar handel niet graag bedreigd.

Roken op de werkplek wordt op 1 januari 2004 verboden; het verbod wordt gehandhaafd met bestuurlijke boetes. Aan dit rookverbod is een rechtszaak voorafgegaan. Nanny Nooijen, postsorteerder en postbode bij TPG, was de eerste werknemer die een proces aanspande tegen haar werkgever om een rookvrije werkplek te eisen. Nooijen sprak er in de rechtszaal schande van dat de PTT in Breda wel een rookverbod had ingesteld op de toiletten. 'Dat was omdat die peuken van die lelijke bruine brandvlekken achterlieten. Het sanitair is bij de PTT belangrijker dan de mensen.' De rechter gaf de boze postbesteller gelijk: het bedrijf moest zorgen voor een rookvrije werkplek.

Tabaksreclame en -sponsoring worden ook bijna helemaal aan banden gelegd, alleen in tabakszaken mag nog reclame worden gemaakt. Het aantal verkooppunten wordt ingeperkt en de verkoop aan jongeren onder de zestien jaar wordt verboden. Om via automaten verkoop mogelijk te blijven maken, investeert de tabaksindustrie miljoenen in de ontwikkeling van een elektronisch leeftijdsverificatiesysteem: de agekey. Maar na verloop van tijd mogen uitbaters van tabaksautomaten zelf weten hoe ze voorkomen dat jongeren onder de zestien jaar sigaretten uit hun automaten trekken. In de praktijk betekent dit meestal dat een klant een statiegeldmuntje krijgt om sigaretten te trekken als hij of zij daarom vraagt. Zo kunnen jongeren onder de zestien vaak toch nog aan sigaretten komen.

In 2004 worden in treinen de asbakken dichtgeschroefd. Voor Els Borst markeert dat moment een omslag. 'Ik reisde in die tijd veel met de trein. Mensen kenden mij nog. Ik dacht: nu zullen rokende medereizigers mij vast gaan lynchen. Maar niets. Geen enkel verwijt. Iedereen was blij dat het eindelijk afgelopen was met het roken in het openbaar vervoer. Zelfs rokers merkten dat het prettiger, frisser was in de trein. Vanaf dat moment was het voorbij met de egards voor de roker.' Rokers moeten zich op de perrons letterlijk binnen de lijntjes bewegen; in het midden staat de rookpaal waar ze hun as en peuk moeten achterlaten.

Tien jaar geleden nog was roken de sociale norm, schrijft Bouma. '"Mag ik roken?" – de vraag die toen haast vanzelfsprekend met "ja" werd beantwoord, wordt nu niet eens meer gesteld. Roken is geworden tot het opzuigen van wat vlugge shotjes nicotine op een koud, winderig hoekje. Tot een groezelige gewoonte, waarvoor je je moet afzonderen in grauwe hokjes onder afzuigkappen of achter de luxaflex thuis.'

Maar de omgeslagen stemming roept ook weerstand op. Schrijver L.H. Wiener stelt met ergernis vast dat 'de terreur' van de niet-roker zich overal manifesteert. Zelfs op het Stedelijk Gymnasium waar hij werkzaam is: '"Samen komen we er wel uit", was aanvankelijk de slagzin, maar uiteindelijk werden de collega's die in de pauze een sigaret wilden roken, uit de docentenkamer verbannen naar een kleine ruimte elders in het gebouw, een entresol boven de conciërge-loge, weldra aangeduid als "het rokershol". Samen komen we er wel uit werd uiteindelijk: "wegwezen jullie".'

Remco Campert schrijft in 2003 in *de Volkskrant* dat 'de jacht op de roker is ingezet'. 'En dan zal het niet lang meer duren of roken in je eigen tuin is niet meer toegestaan, want de rook kan je buren ernstige schade toebrengen. En als je op straat een sigaret opsteekt in de buurt van Amerikaanse toeristen zal dit als een terroristische activiteit worden beschouwd.'

Intussen protesteert Clean Air Nederland (CAN) tegen het feit dat de overleden kinderboekenschrijfster Annie M.G. Schmidt in het wassenbeeldenmuseum Madame Tussaud is vereeuwigd met een sigaret tussen haar vingers. Volgens CAN-voorzitter Fons Nijpels wordt het museum daarvoor betaald door de tabaksindustrie.

'Wat is dat nou voor een onzin?' vraagt cabaretier Youp van 't Hek zich daarop in zijn column in *NRC Handelsblad* af. 'Annie rookte! En niet weinig. Ik kan me niet herinneren dat ik Annie M.G. ooit zonder sigaret heb gezien. Dampend ging zij door het leven en volgens mij is zij het bewijs dat roken helemaal niet slecht is. In elk geval niet voor je humeur. Tot op hoge leeftijd bleef zij hartstikke blij, schreef heel lang het ene leuke kinderboek na het andere, vrolijkte het land op met een aantal prachtige musicals en had eigenlijk alleen last van haar blindheid. En volgens mij word je van roken niet blind.'

Journalist Martin van Amerongen noemt CAN de 'Baader-

Meinhofbende' van de rookvrije ruimte, een club die 'een in principe verdedigbaar standpunt stelselmatig ondergraaft door de krankzinnigste acties en de onzinnigste argumenten'. Zo schrijft Nijpels in zijn eigen periodiek onder andere dat tabaksrook slecht is voor aquariumvissen, kanaries en papegaaien. Van Amerongen: 'O ja? Mijn vriend T.H. te A., die al meer dan een halve eeuw tien havanna's per dag rookt, heeft een papegaai in zijn huiskamer die een paar dagen geleden zijn 240ste verjaardag heeft gevierd.'

In Frankrijk wordt de realiteit ondergeschikt gemaakt aan de heersende moraal. Ter gelegenheid van de honderdste geboortedag van Jean-Paul Sartre wordt in 2005 in Parijs een tentoonstelling over zijn leven en werk gehouden. Sartre werd zelden vereeuwigd zonder sigaret of pijp. Maar de foto uit 1946 die wordt gebruikt voor de catalogus en de poster van de expositie, wordt geretoucheerd: de sigaret is verwijderd. Publicist Henk Hofland noemt het 'de tragiek van het fundamentalisme'.

Dit 'fundamentalisme' is in de Verenigde Staten een breed gedragen maatschappelijke opinie. Afgaande op onlinediscussies, nieuwsberichten en blogs waarin het woord 'sigaret' voorkomt, lijkt het erop dat de sigaret al het kwaad dat de mensheid bedreigt, in zich verenigt. De eensgezinde en algemeen geaccepteerde afkeer van de sigaret is rondom andere relevante thema's die de gezondheid van de mens direct en indirect bedreigen, zoals de opwarming van de aarde of de energiecrisis, of de mate waarin massale vleesconsumptie bijdraagt aan vernietiging van de aarde, ver te zoeken.

Rogier Ormeling plaatst in *Rookgordijnen* ook een kanttekening bij de *War on smoking*, namelijk de vervuilende stoffen die industrieën en auto's produceren en die mensen onvrijwillig inademen. 'Men kan zich niet aan de indruk onttrekken dat de tabaksindustrie fungeert als zondebok voor een beschaving die op ongekende schaal het milieu verontreinigt en levens verwoest.'

Ook wijlen cineast, interviewer én kettingroker Theo van Gogh verzet zich tegen de heersende antirookmoraal. Zijn weblog heet 'De gezonde roker'. Hij is tot aan zijn dood dan ook de paria van de antirookbeweging.

Johan Derksen, de voormalige hoofdredacteur van het magazine *Voetbal International*, rookt – totdat dit bij wet verboden wordt – tijdens de wekelijkse uitzendingen van het programma *Voetbal Insite* een sigaar, en krijgt daarover steevast tientallen boze e-mails. 'Nee, ik rook niet om te provoceren,' vertelt hij daarover. 'Ik rook overal: op mijn werk, in de auto, thuis. Altijd sigaren. Mijn schoonfamilie is fel antiroken. Terwijl ze in de Rijnmond wonen. Nergens smeriger lucht dan daar. Ze laten hun kinderen daar buiten spelen, maar als ze op bezoek komen, moet ik roken onder de afzuigkap.'

Jean-Paul Sartre: 'Elke gebeurtenis die ik zonder sigaret tegemoet zou treden, zo leek het me, zou fundamenteel verarmd zijn.'

De strijd tussen de roker en de niet-roker is er een tussen de gelovige en de ongelovige. Het zijn onoverbrugbare werelden. De één snapt niet dat de ander er niet gewoon mee ophoudt, de ander snapt niet dat roken moet worden gezien als de wortel van al het kwaad dat met alle mogelijke middelen bestreden moet worden. Het is een verschil van inzicht dat geheel terug te voeren is op de verslavende nicotine. 'Voor echte rokers is stoppen met roken een probleem, dat de dames en heren van de Geheelonthoudersbond zich niet eens kunnen voorstellen,' schreef de Chinese auteur Lin Yutang. 'Wij, rokers van de echte stempel, zien al na drie dagen de zinloosheid van deze zelfkwelling onder ogen. Onze ratio en ons gezond verstand stellen ons de vraag: waarom, om welke politieke, sociale, morele, fysiologische of psychologische reden zouden wij niet mogen roken, waarom zouden wij willens en wetens tegen onze natuur en ons geweten in moeten gaan, als we ons daarmee alleen maar van een ontspannen, zorgeloze gemoedstoestand beroven?'

Degenen die echt werk willen maken van het stoppen met roken, zoeken elkaar vanaf het begin van het nieuwe decennium op webforums op. Hiervoor is zelfs een speciaal platform ingericht, ikstop.nl. Naast tips en informatie kunnen verslaafde lotgenoten hun ervaringen uitwisselen. Ook op andere plaatsen op het internet weten mensen elkaar te vinden. 'Ik weet sinds maandagavond dat ik zwanger ben en ben meteen begonnen met proberen te stoppen. Inmiddels rook ik er ongeveer nog 5, maar het valt me zwaar nu ik niet zo misselijk meer ben,' schrijft een openhartige aanstaande moeder op zwangerschapsforum.nl. 'Hoe doen jullie dat? Bij elke sigaret voel ik me zo ontzettend schuldig. Wat een rot verslaving, hè?'

Degenen die er wel in geslaagd zijn te stoppen steken de verslaafden vaak een hart onder de riem, maar net zo vaak gaat het moraliserende vingertje omhoog. Ene 'Norbert' – al 25 jaar zonder sigaret' – schrijft op een Vlaams forum: 'Ik heb in mijn leven al verscheidene mensen ontmoet die "met karakter" gestopt zijn met roken. Wat mij daarbij is opgevallen is dat de meeste onder hen na enige tijd "met karakter" terug herbegonnen zijn!'

Ook in het predigitale tijdperk gaven verslaafden, vaak op meer poëtische wijze, uiting aan hun strijd. De Pools-Duitse auteur Alexander Moszkowski schreef dat hij tijdens een poging te stoppen wekenlang op potloden, tandenstokers en drop sabbelde. 'Maar ik voelde me als een leeuw die op kropsla is aangewezen.'

De protesten van vrije geesten en verstokte rokers ten spijt, de beperkende maatregelen gaan steeds verder. Vanaf 1 januari 2008 mag op luchthaven Schiphol bijna nergens meer gerookt worden, ook niet in de cafés. Johan Derksen ontvangt geen haatmails meer, omdat roken op televisie ook verboden wordt. Van Kooten en De Bie reageren gevat: 'Roken op televisie mag niet. Meekijken naar rokers mag eigenlijk niet. En meekijken naar meerokers: mag ook niet.'

Ook het beeld van de zenuwachtige voetbaltrainer, in lange regenjas langs de lijn met een peuk in zijn mond, behoort tot het verleden. De Nederlandse voetbalbond (KNVB) en de Coaches Betaald

Voetbal ondertekenen in het nieuwe millennium een convenant dat trainers tijdens wedstrijden verbiedt te roken in de dug-out of langs de lijn. Tijdens wedstrijden van het Nederlands elftal mag officieel ook niet meer worden gerookt op voetbaltribunes. Een schril contrast met het grijze verleden, 'toen geluk nog heel gewoon was' en de stadions bevolkt werden door mannen met een hoed op hun hoofd en een sigaret tussen de lippen.

Voor het laatste rookbastion, de horeca – ook een werkplek – wordt gedurende een paar jaar een uitzondering gemaakt op de Tabakswet van Els Borst. Terecht, vindt schrijver en dichter Ilja Pfeijffer. 'Onder de rook van tabak is Nederland groot geworden, zijn kunstwerken ontstaan en hebben filosofen onze existentie bevraagd. Roken in het café is het voorrecht der dichters. Het is een heilig ritueel dat de ijdelheid der dingen celebreert.'

De uitzondering houdt stand tot juli 2008. Een verzoek van een groep van vijfhonderd horecaondernemers om hen uit te zonderen van het rookverbod, wordt door de rechter afgewezen. Maar kleine kroegen blijven zich verzetten. Koninklijke Horeca Nederland becijfert dat 1500 ondernemingen door het rookverbod dreigen te verdwijnen. Zij kunnen namelijk geen rookruimte creëren, terwijl hun klanten juist vaak stevige rokers zijn. Een aantal cafés negeert het rookverbod en zet de asbakken weer op tafel. Een juridische en politieke soap volgt. Allereerst gaat het Groningse café De Kachel in beroep tegen een opgelegde boete van 1200 euro. De uitbater, die zelf niet rookt, haalt zijn gelijk bij het gerechtshof in Leeuwarden. In Breda procedeert café Victoria tegen het rookverbod. De rechtbank in Breda vindt dat de wettelijke regeling cafés met en zonder personeel ongelijk behandelt en dat eenmanszaken in de praktijk onevenredig hard worden getroffen.

De rechtszaken slepen zich voort, en het is de nieuwe vvd-minister van vws, Edith Schippers, die in 2011 een einde maakt aan de onduidelijkheid. Zij is een warm pleitbezorger van soepele maatregelen voor de kleine horeca. 'Als mensen op vrijdagavond een biertje willen drinken en een sigaretje willen roken, moeten ze dat vooral zelf weten,' vindt de liberale minister.

Schippers wordt in het journalistieke tv-programma *Zembla*

'minister van Tabak' genoemd. Voordat Schippers minister werd, werkte ze bij werkgeversorganisatie vno-ncw, en in die hoedanigheid was ze een fel tegenstander van een rookvrije werkplek. Kort na haar aantreden mag in kleine cafés de asbak dan ook weer op tafel. Ze trekt de subsidie voor Stivoro in en schrapt de vergoeding voor hulp bij stoppen met roken – een maatregel die onder druk van de Tweede Kamer rap wordt teruggedraaid. Schippers blijft bij haar punt: 'De staat is geen *nanny*. Mensen moeten zelf hun verantwoordelijkheid nemen.' Wiel Maessen, woordvoerder van de stichting 'Red de kleine horeca', is het van harte met haar eens: 'Ik vind haar een echte vrijheidsstrijdster.'

Tegenstanders, zoals de longartsen Pauline Dekker en Wanda de Kanter, zien het anders: 'Schippers ziet roken als een kwestie van vrije keuze van mensen die zich volledig bewust zijn van het risico. Precies daar zit haar liberale denkfout: roken is geen vrije keuze maar het gevolg van een afschuwelijke, heel gemakkelijk op te lopen verslaving aan nicotine, waar je zeer moeilijk vanaf komt.' Kanter is ervaringsdeskundige, ze rookte vroeger zelf. 'Zolang ik rookte, zag ik de waarheid niet,' vertelt ze in 2013 in een interview in *Volkskrant Magazine*. In haar praktijk maakte ze zoveel drama's mee, dat ze zich als fanatiek bestrijder van de tabak heeft opgeworpen. Ze vertelt over een jonge moeder die hoorde dat ze longkanker had, in het laatste stadium, en die halverwege het gesprek opeens in paniek aan haar man vroeg: wie haalt ook alweer straks de kinderen van school? In het interview maakt ze ook korte metten met het verweer dat er rokers zijn die een hoge leeftijd bereiken: 'Als er tien eendjes de snelweg oversteken, komt er ook altijd een aan de overkant.'

Maar Schippers heeft vele medestanders. Zo vindt schrijver Christiaan Weijts: 'Met welk recht mengt de overheid zich in onze intiemste gewoontes? Er spreekt weinig vertrouwen uit in het eigen vermogen van de samenleving om een eigen moraal te ontwikkelen, in scholen en aan keuken- en cafétafels. Roken en neuken behoren tot de meest intieme handelingen van de mens. Daarom gaan ze in romantische films zo vaak samen. Daarom maakt de opdringerige overheidsinbreuk op zulke privédomeinen zo'n collectieve weerstand los. Omdat we weigeren de ballingen te zijn van andermans taboes.'

Filosoof Coen Simon, 'de filosoof van de oppervlakkigheid', beschrijft in zijn boek *Kijk de mens* het roken als 'de fysieke herinnering aan de oorsprong van de moderne beschaving, de macht over het vuur. Dat vuur, door Prometheus van de goden gestolen, hebben we in eigen hand, tussen wijs- en middelvinger. Dit uitzonderlijke samengaan van natuurlijk verlangen en de macht over de natuur vieren we het beste in kroegen en op feesten, niet onder het afdak van een kantoor.'

Simon vindt het 'een slap verhaal', het wetenschappelijk bewijs dat roken slecht is voor een mens. 'En wat hebben we ons slecht verweerd tegen deze fictie,' schrijft hij in 2008 in *Trouw*. Want, zo stelt Simon, niet in alle gevallen is er bewijs voor de correspondentie tussen roken en kanker, en met de wél bewezen slechte gevolgen van het roken zijn nog niet de gunstige effecten aan het licht gebracht. '"Gunstige effecten?" Ik zie u fronsen. Zo sterk is het verhaal tegen roken, dat "gunstige effecten" en "sigaretten" samen als een contradictio in terminis klinken. Maar natuurlijk heeft de sigaret ook goedaardige gevolgen. Dat heeft elk genotmiddel, al was het alleen maar genot. En dit genot leidt niet alleen maar tot narcistische resultaten. Voor kunstenaars kan het genot van tabak bijdragen aan een schepping waar een hele cultuur iets aan heeft. En ook als het alleen individueel geluk oplevert, kan dat voor een maatschappij van groot belang zijn.'

Simon haalt ook een interview aan dat hij had met een psychiater. Die vertelde Simon blij te zijn dat sommigen van zijn patiënten rookten. Het scheelde hun een hogere of soms zelfs de complete dosis antidepressivum. 'En het mooie van de sigaret, zei hij, is dat het geen gemedicaliseerd middel is. Althans dat was het, toen tabak nog heel gewoon was.'

Kunstenaar Rob Scholte brengt de geneugten van het roken van sigaretten in 2011 in woord en beeld met zijn collectie getiteld *Smoke in your eyes*; een verzameling grote afbeeldingen van pakjes sigaretten op geëmailleerd aluminium waarbij de waarschuwingsteksten in de zwartomrande kaders zijn vervangen door kreten als: 'Van roken wordt u blij', 'Samen roken is liefde delen' en 'Rokers zijn sexy mother-fuckers'.

Er komt direct kritiek op de collectie. 'Als ieder mens de vrijheid heeft om zijn of haar mening te mogen uiten, moet dat dan ook gelden voor een roker? En is deze kunst van Scholte nog wel modern te noemen? Of is hij hopeloos ouderwets? Of nog erger, is deze Scholte-kunst eigenlijk geen sluikreclame voor de tabaksindustrie? Wat verbeeldt deze zich kunstenaar noemende reclamemaker voor tabak zich eigenlijk wel?' zo fulmineert een recensent in de GPD-bladen.

'Waar het om gaat, is dat roken tot onze persoonlijke vrijheden behoort,' reageert Scholte. 'Dat de overheid die probeert aan te tasten met een heksenjacht op rokers, vind ik niet te pruimen. Dit project is dan ook een regelrecht statement, waarvoor ik de twaalf bekendste sigarettenmerken van verschillende fabrikanten heb gebruikt als kunstuiting.'

In een documentaire die bij de expositie hoort, licht Scholte zijn statement verder toe: 'Kunst was in de Middeleeuwen eigenlijk een vorm van reclame; die rol is verloren gegaan door het ontstaan van media. Ik heb hiermee uitdrukking willen geven aan een probleem: kunst is de *last resort*; reclame voor tabak kan niet meer gemaakt worden. Dit is de eerste keer sinds de Renaissance dat kunst het mogelijk maakt om uitspraken te doen die in het openbare leven niet meer zijn toegestaan.'

Intussen neemt het aantal rokers in Nederland gestaag af. In 2012 rookte nog ongeveer een kwart van de bevolking. Daarbij roken laagopgeleide mannen meer dan degenen met een hoge opleiding: 34 versus 22 procent. Bij vrouwen is die verdeling ongeveer gelijk. Van de hoogopgeleiden of goed gesitueerden rookt dus nog altijd één op de vijf, onder hen ook *captains of industry* en leden van het Koninklijk Huis. De Rijksvoorlichtingsdienst maakte in 2011 zelfs officieel bekend dat Beatrix niet rookt – 'Koningin Beatrix is al ruim veertig jaar geleden gestopt met roken' –, maar verschillende getuigen melden het tegendeel. De voormalige koningin zou zelfs ooit op Prinsjesdag een sigaret hebben opgestoken in de Koninginnekamer van de Ridderzaal, hoewel dit officieel natuurlijk niet mag. Edwin de Roy van Zuydewijn, de voormalige echtgenoot van prinses Margarita die al jarenlang in diepe onmin leeft met de Oranjes, beweerde dat Beatrix 'rookt en zuipt als een ketter'. Anderen die in haar nabijheid verkeerden, zoals oud-minister Ben Bot of oud-RVD-woordvoerder Jesse van Vonderen, ontkennen echter haar de laatste decennia te hebben zien roken. Afgaande op het roddelcircuit rookt koningin Maxima af en toe nog wel een sigaretje. Koning Willem-Alexander rookte in zijn jonge jaren sigaretten, maar is overgestapt op sigaartjes.

Verder roken mannen met Turkse roots veel meer dan autochtonen en Marokkanen. Een andere trend is dat veel rokers vanwege de steeds duurder wordende sigaret overstappen op B-merken, of zelf sigaretten vullen met een machientje.

Een ander alternatief in opmars is de elektronische sigaret. Hiermee wordt al een paar decennia geëxperimenteerd en de laatste jaren wordt deze kwalitatief steeds beter. De elektronische sigaret kan beter worden aangeduid als een pijpje. Het is een batterij waarmee een 'verstuiver' wordt verwarmd. Die zorgt er weer voor dat een vloeistof die nicotine bevat kan worden geïnhaleerd. De 'e-sigaret' bevat geen tabak en brandt niet, waardoor de roker-nieuwe-stijl gevrijwaard is van de schadelijke stoffen die een sigaret bevat, zoals teer en koolmonoxide, terwijl de nicotinebehoefte en het inhaleergenot toch bevredigd worden. E-sigaretten zijn er in allerlei varianten. Sommige lijken op filtersigaretten, andere hebben meer weg van een metalen pijp. Er zijn navulbare en oplaadbare exemplaren, naast wegwerpvarianten. De kosten van het 'e-roken' bedragen ongeveer de helft van gewone sigaretten.

In Frankrijk, en dan vooral in Parijs, is de elektrische sigaret inmiddels een veelvoorkomend en hip verschijnsel. Terminal 4 van het Londense Heathrow Airport kent een 'vaping zone' waar dampers van elektronische sigaretten terecht kunnen om hun nicotinegehalte op peil te houden. Ook in de Verenigde Staten is sprake van een serieuze groeimarkt. In 2013 bedroeg de wereldwijde omzet 1,5 miljard euro, drie keer zoveel als het jaar ervoor. Tabaksfabrikanten bemoeiden zich lange tijd niet met het product, maar inmiddels hebben Altria, het bedrijf achter Marlboro, R.J. Reynolds en Lorillard hun eigen *e-cigs* op de markt gebracht. Ook in Europa neemt de vraag toe. Volgens Frans Fresow van Smokestik, naar eigen zeggen de grootste e-sigarettenverkoper in Nederland, is zijn merk de eerste keus van de Hollywoodsterren. 'Van Leonardo DiCaprio tot Paris Hilton. Maar de vraag is ook in Nederland gigantisch. De eerste drie, vier maanden van 2013 hebben we evenveel verkocht als in heel 2012. Dat zijn er honderdduizenden.'

De verwachting is dat grote fabrikanten de komende jaren miljoenen gaan investeren in de promotie van de elektrische sigaret. Critici vrezen dat de elektrische sigaretten het gewone roken in de hand werken. Bovendien is men niet overtuigd van de onschadelijkheid van het elektrische alternatief. Waar ze in ieder geval vanaf willen, is de shisha-pen. Deze elektronische sigaret zonder nicotine die de smaak van een waterpijp nabootst, bleek begin 2013 opeens bijzonder populair onder Nederlandse scholieren. De vrees is, wellicht niet ten onrechte, dat het een speelse introductie in het echte roken is.

Auteur Lionel Shriver bestempelt de kritiek op e-sigaretten in *The Guardian* als nonsens. Zij meent dat er iets anders aan de hand is. Volgens haar bestrijden antirokers de elektrische sigaretten om dogmatische redenen, ook al is er geen enkel bewijs dat nicotine, in afwezigheid van teer en chemische toevoegingen, slechter is dan bijvoorbeeld cafeïne. Als elektronische sigaretten de norm zouden zijn, dan zou het aantal gevallen van longkanker en -emfyseem in rap tempo afnemen. Maar het probleem is dat rokers nu eenmaal medisch en moreel gedemoniseerd worden; 'Not merely bad for public health, but bad, full stop.'

Eind 2013 publiceert het Rijksinstituut voor Volksgezondheid en Milieu een literatuurstudie waarin de schadelijke effecten van de e-sigaret aan bod komen. Staatssecretaris Martin van Rijn van Volksgezondheid kondigt op basis van dit onderzoek aan 'gepaste maatregelen' te nemen tegen de e-sigaret. 'Onbegrijpelijk,' vindt Marcel Göertz, oprichter en woordvoerder van Acvoda, het Actiecomité voor Dampers (naar de damp die uit de nepsigaret komt) deze stellingname. 'Alle grote internationale onderzoeken wijzen uit dat e-sigaretten oneindig veel minder schadelijk zijn dan gewone sigaretten. Voor de omgeving is er zelfs helemaal geen schade. Het RIVM-rapport bevat grove fouten. Feiten worden welbewust weggelaten. In een sigaret zitten vierduizend stofjes waarvan we niet weten wat die met je doen. Van een e-sigaret weten we precies wat het met je doet. Alleen nog niet op de lange termijn. Wat ons betreft wordt dat onderzocht.'

Göertz spreekt in *de Volkskrant* van 'een behoorlijk smerig spelletje' dat vanuit de politiek wordt gespeeld. 'Je moet niet vergeten dat de overheid middels accijnzen op tabak heel veel geld verdient. Nu de e-sigaret in rap tempo oprukt, dreigen ze een groot deel van hun inkomsten te verliezen. Dat zou toch niet de insteek moeten zijn? Het gaat hier om mensenlevens. Jaarlijks sterven er alleen al in de EU 700 000 mensen aan de gevolgen van roken. In Nederland zijn dat er 20 000 per jaar. Als dat er door de e-sigaret tweehonderd kunnen zijn, dan zou staatssecretaris Van Rijn heel tevreden moeten zijn.' In Europa is het pleidooi van Göertz in ieder geval niet aangeslagen, want begin 2014 kondigt de EU aan dat elektronische sigaretten aan dezelfde beperkende reclameregels worden onderworpen als gewone sigaretten.

Ondanks dit soort alternatieven en besparingsmaatregelen zal het aantal rokers in ons land nog wel verder afnemen. Want, of we nou een minister van Tabak hebben of niet, over de hele linie is het animo om roken aan banden te leggen groot. Zo vormt zich in 2013 alsnog een Kamermeerderheid die, buiten minister Schippers om, pleit voor een algeheel rookverbod in de horeca. In maart 2013 oordeelt het Hof in een rechtszaak, aangespannen door CAN, dat de uitzondering op het rookverbod voor de kleine horeca in strijd is met afspraken die gemaakt zijn met de Wereldgezondheidsorganisatie WHO.

Vanuit 'Europa' wordt intussen geijverd voor nog strengere maatregelen. Zo wil de Europese Commissie dat de mentholsigaret wordt afgeschaft. Ze zouden misleidend zijn. 'Je denkt dat je iets anders rookt, maar het is gewoon tabak,' aldus commissaris Tonio Borg. Volgens Stivoro onderdrukken deze sigaretten met een smaakje de neiging tot hoesten, waardoor ze vooral voor beginnende rokers aantrekkelijk zijn. De Duitse oud-bondskanselier Helmut Schmidt is bepaald geen beginnende roker. De hoogbejaarde sociaaldemocraat heeft zich nooit iets aangetrokken van rookverboden en rookt overal: tijdens interviews op televisie of tijdens bezoeken aan de schouwburg. Niemand durft het levende rijksmonument erop aan te spreken, ook al zijn veel Duitsers erg gesteld op de naleving van regels. Hij weigert ook op 94-jarige leeftijd concessies te doen aan zijn twee verslavingen: de mentholsigaret en de krant. Hij slaat tweehonderd sloffen mentholsigaretten in, uit voorzorg tegen het voornemen van de EU. De circa 38 000 sigaretten die Schmidt heeft ingeslagen gaan tot zijn honderdste verjaardag mee als hij één pakje per dag rookt, zo berekent de krant *Hamburger Morgenpost*.

De Europese Commissie wil dat de merken op de pakjes sigaretten naar de achtergrond verdwijnen, zodat de pakjes er neutraal uitzien – zogenoemde *plain packaging*. De vrijgekomen ruimte kan ook gebruikt worden voor afschuwwekkende foto's. In Australië liggen de ontwerpen klaar voor pakjes met plaatjes van verwoeste longen en door lipkanker getroffen monden. Daaronder is dan nog een klein stukje verpakking ingeruimd voor het merk.

Volgens Willem Jan Roelofs van de Stichting Sigaretten Industrie, die in ons land de belangen behartigt van British American Tobacco, Japan Tobacco International en Imperial Tobacco Nederland, zijn die laatste maatregelen bewezen ineffectief. 'Bovendien,' zo zegt Roelofs, 'is het een inbreuk op het merkenrecht.' Fabrikanten zullen naar de rechter stappen, zo voorspelt hij. Dat is ook de reden dat de pakjes-nieuwe-stijl in Australië nog niet in de schappen liggen. Imperial Tobacco roept rokers intussen via de site nonannystate.com op om te ageren tegen de betuttelende Australische overheid.

Volgens de sigarettenfabrikanten zijn de pakjes met neutrale verpakkingen en foto's ook te gemakkelijk na te maken. En dat werkt een groeiend probleem in de hand: dat van de smokkel. Met het stijgen van de accijnzen, zo stellen de fabrikanten, neemt de illegale handel evenredig toe. Vooral in fabriekjes in China, Rusland en Oekraïne worden jaarlijks honderden miljarden inferieure sigaretten geproduceerd, met West-Europa als belangrijke afzetmarkt. In 2008 werden er 58 miljard sigaretten de EU binnengesmokkeld, waarbij Nederland fungeert als belangrijk doorvoerland. Het gros van de namaaksigaretten gaat naar het Verenigd Koninkrijk, waar een pakje sigaretten al gauw meer dan acht euro kost. Niet voor niets maakt menig Brit in zijn vrije tijd de oversteek via Dover om in Calais sloffen Benson & Hedges in te slaan.

De Nederlandse schatkist loopt door sigarettensmokkel jaarlijks 'tientallen miljoenen' aan accijns mis, stellen de tabaksfabrikanten. 'Daarnaast frustreert sigarettensmokkel het antirookbeleid en leidt het tot corruptie van de bovenwereld. Ten slotte vormen de wereldwijd miljarden euro's winst de motor van internationaal opererende criminelen.'

De inkomsten van de Nederlandse staat uit tabaksaccijns zijn tussen 2004 en 2009 gestegen van twee miljard naar 2,5 miljard. En dat terwijl het aantal rokers hierdoor niet noemenswaardig afneemt, maar de illegale handel wel toeneemt. Kortom, zo vinden de fabrikanten: stop met het verhogen van de heffingen. Maar volgens de site TobaccoTactics.org zetten de grote tabaksfabrikanten de illegale handel zelf in gang en verdienen ze er zelfs aan. Ook zou de illegale handel het roken door kinderen in de hand werken, waar de industrie op de lange termijn van profiteert. En de sigarettensmokkel wordt misbruikt als argument om beperkende maatregelen tegen te gaan.

De sigarettenindustrie verdedigt zich tegen dit soort aantijgingen en beperkende maatregelen door te lobbyen in Brussel en Den Haag. Volgens *de Volkskrant* zette Philip Morris 160 lobbyisten in om strengere Europese regels tegen te houden. Het succes is vooralsnog relatief; *plain packiging* komt er voorlopig niet, maar wel worden de waarschuwingen op de pakjes twee keer zo groot. Bovendien zullen die waarschuwingen, met instemming van het Europees Parlement, bestaan uit 'gruwelfoto's'.

Het vreemde is dat de Europese politiek dit soort verregaande maatregelen neemt om het roken te ontmoedigen, terwijl Europa de tabaksproductie tegelijkertijd subsidieert. En ieder Europees land, Nederland als een van de grootste exporteurs voorop, profiteert van de belastinginkomsten. 'De overheid moet het roken óf verbieden of op een goede manier reguleren,' laat Robert Wassenaar van Philip Morris optekenen. 'Persoonlijk geloof ik niet dat verbieden een oplossing is. Er zullen altijd mensen zijn die blijven roken. Als je dat als uitgangspunt neemt, zorg dan dat het goed geregeld is. Daar ontbreekt het nogal eens aan.'

Dat de tabaksindustrie pleit voor regulering is een hele stap. In de jaren negentig zat de bedrijfstak nog volop in de ontkenningsfase. Onderzoek waaruit bleek dat ratten voedsel en water laten staan om aan nicotine te komen, werd vernietigd. In 1994 ontkenden zeven tabaksdirecteuren in het Amerikaanse Congres te weten dat hun product schadelijk is. Deze episode werd verfilmd in 1999. *The Insider* vertelt het verhaal van Jeffrey Wigand, voormalig onderzoeksdirecteur van Brown & Williamson, de derde grootste tabaksfabrikant van de VS. Wigand onthult dat de hoogste bazen van zijn bedrijf weten dat er met opzet stoffen aan de sigaretten worden toegevoegd die de roker nog verslaafder maken. Gevolg: Wigand verliest zijn baan, zijn gezin, zijn leven komt zelfs op het spel te staan. Zender CBS weigert de klokkenluider zijn verhaal op de nationale televisie te laten vertellen, uit angst miljoenen aan advertentie-inkomsten van de tabaksindustrie mis te lopen. Pas wanneer de kranten erover berichten, mag Wigand in 1996 op tv zijn verhaal komen vertellen, in het programma *60 minutes*. Wigands rol als klokkenluider draagt in belangrijke mate bij aan de totstandkoming van het Tobacco Master Settlement Agreement in 1998.

Ook de Nederlandse tabaksindustrie probeert een andere houding aan te nemen door haar product, naar eigen zeggen, op een verantwoorde manier aan de man te brengen. 'We zijn er geen voorstander van dat iedereen zo veel mogelijk moet roken,' zei Joost Keulen van British American Tobacco daarover in *Vrij Nederland*. 'Iedere sigaret waar je niet bewust voor kiest is er een te veel. Als BAT hebben we met posters en websites campagnes gevoerd om jongeren te wijzen op de gevaren van het roken. Wij stonden daar volledig achter, maar andere groeperingen vonden het niet geloofwaardig dat we ons met dit soort voorlichting inlieten.'

Maar door haar tactiek in de vorige eeuw, toen de gevaren van roken werden ontkend of verdonkeremaand, heeft de industrie weinig krediet, weet Keulen. 'Als industrie hebben we lang geleden onder een bunkermentaliteit. Toen de juridische procedures begonnen, moesten we gaan uitkijken wat we zeiden. Voordat je het wist, had je weer een procedure aan je broek. Die defensieve, gesloten houding van ons is achteraf bezien niet in ons voordeel geweest.'

Dat blijkt wel als de longartsen Pauline Dekker en Wanda de Kanter in het voorjaar van 2013 de website tabaknee.nl lanceren, een site bedoeld als kruistocht tegen de tabaksindustrie. Op de site doen ze aan naming-and-shaming; lobbyisten en politici die het zouden opnemen voor de tabaksindustrie worden bij naam en toenaam genoemd, waarbij ook hun privéleven aan bod komt. Over VVD-politicus Arno Rutte schrijven Dekker en De Kanter: 'In zijn familie maakte hij een drama mee: zijn broer en vader stierven kort na elkaar aan kanker. In kleine kring laat Rutte zich ontvallen dat dit wellicht te maken heeft met het feit dat ze rookten. Hun overlijden was zelfs de reden voor zijn sollicitatie bij zorgverzekeraar Menzis.' Helaas verdedigt Rutte standpunten van de tabaksindustrie: hij gelooft niet in de roker als willoos slachtoffer. 'Jammer dat Arno Rutte en zijn mede-liberalen nog steeds niet willen begrijpen hoe fnuikend de verslaving aan nicotine is.'

Op tabaknee.nl wordt oud-minister van Volksgezondheid Elco Brinkman, commissaris bij Philip Morris, omschreven als 'dom of gewetenloos' ('hij heeft nota bene zelf kanker gehad. Hij is kaal geworden door de chemotherapie en heeft pijn geleden'). Willem Jan Roelofs van de Stichting Sigaretten Industrie wordt ook genoemd. De longartsen willen dat de tabakslobbyisten zich schuldig gaan voelen in plaats van de rokers met longziektes die zij dagelijks in hun praktijk behandelen. VVD'er Rutte is *not amused*: 'Ik vind het echt smakeloos dat mijn privésituatie zo wordt misbruikt. We moeten de discussie voeren op basis van serieuze argumenten. En als ik tabaksfabrikanten serieus neem, dan betekent dat toch niet dat ik een lobbyist ben?'

Roelofs merkt droogjes op dat zijn stichting opkomt voor de legale belangen van zijn bedrijfstak. In de publieke opinie wordt dan ook nogal terughoudend gereageerd op de actie van Dekker en De Kanter. Zijzelf vinden dat ze niet anders kunnen, 'want de tabaksindustrie is gewoon op zoek naar jonge kinderen, om ze verslaafd te maken'. Dat tabak een legaal product is, noemen ze 'een vergissing'.

Hoe groot het taboe op sigaretten roken is geworden, blijkt uit de ophef die ontstaat als cabaretier Hans Teeuwen tijdens het televisieprogramma *Zomergasten* live een sigaret opsteekt. Er ontstaat een rel van nationaal niveau. Inspecteurs van de Voedsel en Waren Autoriteit komen poolshoogte nemen in de VPRO-studio en bemonsteren de asbak die Teeuwen zou hebben gebruikt. De omroep krijgt een boete opgelegd van zeshonderd euro. De absurdistische sfeer zoals Hermans die schetst in *De laatste roker*, is niet zo onwerkelijk meer.

OP NAAR TWEE MILJARD ROKERS

De wereld is nog lang niet uitgerookt

In de Verenigde Staten is men vertrouwd met verregaande acties in de strijd tegen het roken. Als dit land ons voorland is, zoals het dat ook was bij de opkomst én neergang van de sigarettenconsumptie, dan wachten rokers nog zware tijden. Zo kent New York, onder aanvuring van de antirook-burgemeester Michael Bloomberg, inmiddels de strengste wetgeving ter wereld. Zo is het verboden om in parken, op stranden, pleinen en andere publieke plekken te roken. Ook in andere grote steden, zoals San Francisco en Chicago, is het roken op openbare plekken aan banden gelegd.

Ook de Russen, van oudsher stevige rokers, moeten eraan geloven. Als leider van het grootste land ter wereld moest je van oudsher van twee dingen van de Rus afblijven: van zijn drankje en zijn *papirosy*. Want zie, Sovjetleider Gorbatsjov legde het land droog en een paar jaar later stortte het communistische imperium in. Later kwam er een rookverbod in de vaak gammele Russische vliegtuigen, maar op het toilet werd het oogluikend toegelaten, constateerde NRC *Handelsblad*-correspondent Coen van Zwol. Soldaten van de deelrepubliek Tsjetsjenië kregen tot voor kort zelfs nog dagelijks tien sigaretten op rantsoen. President Vladimir Poetin heeft echter lak aan ingesleten gewoontes. Hij kwam tien jaar geleden al met reclameverboden voor radio en tv en een rookverbod in openbare ruimtes. En sinds 2013 mag er op last van de judopresident ook in Russische parken en op stranden niet meer gerookt worden. Hoe strikt het verbod in de praktijk gehandhaafd zal worden is nog maar de vraag, want ook in Rusland is de tabakslobby sterk. En hoe daadkrachtig een president ook mag zijn, handhaving van zo'n impopulaire maatregel in zo'n immens land valt niet altijd mee. Bovendien rookt tot op heden nog altijd een ruime meerderheid van de Russen.

Zijn de Amerikaanse toestanden een voorbode, verwordt het roken van sigaretten tot een marginaal verschijnsel en zullen de fabrikanten een kwijnend bestaan leiden? Bepaald niet. Nederland exporteert nog altijd meer dan honderd miljard sigaretten per jaar. En de grootste twee Nederlandse pensioenbeleggers, APG en PGGM, zagen de marktwaarde van hun sigarettenaandelen sinds 2009 ruim verdrievoudigen. Dat is te danken aan de groeiende vraag naar sigaretten in bijvoorbeeld het Midden-Oosten en Oost-Europa. China is ook een erkende rooknatie. Hier wordt door twintig procent van de wereldbevolking een derde van alle sigaretten wereldwijd gerookt. Lange tijd was het daar onbeleefd om een aangeboden sigaret te weigeren, maar daar lijkt een kentering in te komen. Toch is roken er, ondanks een voorzichtige mentaliteitsverandering, nog eerder regel dan uitzondering. Rookverboden zul je er nauwelijks aantreffen en dus kun je er opsteken in de bus, de trein en zelfs in de lift. Chinezen houden op een speelse manier van burgerlijke ongehoorzaamheid, schrijft China-correspondent Marije Vlaskamp, dus ook al zijn er plaatselijke rookverboden, dan overtreden ze die graag. Ten tijde van de Olympische Spelen in Peking in 2008 was het, bij wijze van sportief gebaar, officieel verboden om in taxi's te roken, maar in de praktijk boden de chauffeurs toeristen vaak een sigaretje aan. Een rookverbod in de horeca zou dan ook tot een volksopstand leiden.

Ook Afrika, waar een aantal landen economisch sterk in opkomst is, behoort tot de groeimarkten. Op dit moment rookt slechts vier procent van de bevolking op het continent, maar dat zal veranderen. Er wordt op veel plaatsen nog volop tabak gesnuifd en gepruimd. Maar dankzij de globalisering en marketinginspanningen van westerse tabaksfabrikanten wint de sigaret terrein ten koste van deze ouderwetse consumptiegewoonten. De sigaret wordt op reusachtige billboards op het Afrikaanse platteland en op radio en televisie gepromoot als onderdeel van een rijk en succesvol bestaan. In sommige landen worden sigaretten per stuk verkocht of zelfs uitgedeeld om zo veel mogelijk nieuwe zieltjes te winnen. In sommige Afrikaanse landen zijn Marlboro T-shirts in kindermaten te vinden.

Partygirls aan de sigaret.

Voor veel opkomende economieën, zoals India, Brazilië en de Golfstaten, geldt dat men houdt van de westerse leefstijl. En die leefstijl is: vet en zout eten – vlees –, alcohol drinken en roken. En hoewel de Amerikaanse politiek niet overal even populair is, houden jongeren nog altijd van Coca-Cola, Nike en Marlboro. De trends in roken vertonen in veel landen duidelijke parallellen met de rookgewoonten en -moraal zoals die in West-Europa en de Verenigde Staten een aantal decennia geleden heersten. Tabaksfabrikanten kunnen zich, mits toegelaten tot de lokale markt, op het gebied van reclame en marketing vrij bewegen. Antirookmaatregelen komen maar mondjesmaat op gang, vooral in Afrika, omdat veel landen de inkomsten uit de tabaksaccijnzen goed kunnen gebruiken. Uitzondering op de regel is de Keniaanse hoofdstad Nairobi. Een aantal jaren geleden organiseerden sigarettenfabrikanten nog promotiefeesten voor jongeren, nu geldt een totaalverbod: nergens, ook niet op de stoep of in het park, mag worden gerookt. Wie op straat een sigaret opsteekt, wordt zonder pardon gearresteerd door een politieman in burger. De straf is niet mild: een boete tussen de twintig en vijfhonderd euro.

De strenge Kenianen ten spijt, de consumptiecijfers zijn – wereldwijd – nog altijd spectaculair.

Neem de export van Philip Morris: die is toegenomen van een paar miljard sigaretten begin jaren zestig naar meer dan 800 miljard in 2005. En die groei zal nog wel enige tijd doorzetten, totdat ook in de nieuwe economieën de sigaret aan banden wordt gelegd.

De sigaret is dus nog altijd een economische factor van betekenis. Daarnaast lijkt het erop dat ook in sociaal-cultureel opzicht de sigaret de laatste jaren weer mag. Zo blijkt uit de studie 'Tobacco and the Movie Industry' dat de frequentie waarin sigaren en sigaretten voorkomen in grote films in 2002 terug is op het niveau van de jaren vijftig. Denk ook aan de populaire AMC-serie *Mad Men* die in 2007 is gestart, over een New Yorks reclamebureau begin jaren zestig. Iedereen rookt: van de typistes tot de *executive board*. Tegen de achtergrond van de groeiende zorgen over de gezondheidsrisico's van roken, bedenkt creatief directeur Don Draper in het eerste deel van de serie een slogan voor Lucky Strike. Hij komt niet met een riedel die de risico's wegwuift, maar appelleert simpelweg aan de smaak van de sigaret: *It's toasted*. Draper schrijft de kreet op een krijtbord, kijkt zijn verblufte klant tevreden aan en steekt een sigaret op.

In de serie *Mad Men* staat de asbak weer op tafel.

Ook in een aantal boeken, kranten- en tijdschriftartikelen, en dan vooral in de Verenigde Staten en Engeland, durven auteurs soms hun waardering voor de sigaret uit te spreken. Ze zetten zich af tegen de dwingende moraal van medici, ambtenaren en politici of lobbyclubs. Als tegenwicht tegen clubs als Clean Air Now zijn in Nederland her en der pro-rokenclubs opgericht, zoals Stichting Forces Nederland. Deze club is ook een van de initiatiefnemers van de International Coalition Against Prohibition (ICAP), waarin tien internationale organisaties zich verenigd hebben in hun strijd tegen overheidsbemoeienis in het algemeen en rookverboden in het bijzonder. In de Verenigde Staten zijn tal van dit soort clubs actief. Zij zetten zich fel af tegen de antirokers; dat zijn in hun ogen 'mensen die anderen hun pleziertjes niet gunnen' en die ongetwijfeld op de instemming van mede-antiroker Adolf Hitler hadden kunnen rekenen.

In populaire damesbladen, zo blijkt uit Brits onderzoek, wordt roken nog altijd gepresenteerd als een onderdeel van een modieus en glamoureus leven. 'Ik wil zijn zoals de rokers, zoals de dichters en de vechters, niet zoals advocaten en accountants,' schrijft een redactrice in het Britse *The Independent*. 'Meer dan eens heb ik een stoppoging opgegeven, omdat ik in het café een hippe, energieke vrouw een Marlboro light zag opsteken, en ik dacht: zo ben ik ook, zo ben ik ook! Ik weet dat het zelfbedrog is ... En op een dag wil ik een baby en ik weet dat ik uiteindelijk voor het leven kies. Misschien... volgende week.'

Er zal een groep blijven bestaan die er, in de woorden van Rogier Ormeling, voor kiest om 'een deel van de eigen potentiële leef-tijd te doden en in te ruilen tegen een korter maar intenser bestaan. Immers, een lang leven is niet het enige kwalitatieve leven. Natuurlijk zijn aan het roken grote gezondheidsrisico's verbonden, maar een leven zonder risico's is niet interessant.'

Voorlopig is de wereld dus nog lang niet uitgerookt. Uit de Global Adult Tobacco Survey (GATS) uit 2012, de grootste mondiale studie naar de omvang van tabaksgebruik ooit, blijkt dat wereldwijd bijna de helft van de mannen en ruim één op de tien vrouwen rookt, pruimt of snuift. Vooral in de landen met veel lage en middeninkomens wordt steeds meer gerookt. De studie laat zien dat de verschillen per land soms groot zijn: in Rusland rookt 60 procent van de mannen, in Brazilië is dat 22 procent. In Polen steekt bijna 25 procent van de vrouwen regelmatig een sigaret op, in Egypte rookt slechts 0,5 procent van hen. Ook blijkt dat de inwoners uit de 'rokerslanden' China, Egypte, Bangladesh en Rusland amper de aanvechting voelen om te stoppen, terwijl in westerse landen en Zuid-Amerika 35 procent van de ondervraagden aangaf te zijn gestopt na ooit te hebben gerookt. Voor de laatste categorie landen geldt vrijwel zonder uitzondering dat laagopgeleiden meer roken dan hoogopgeleiden en dat het aantal rokers geleidelijk terugloopt. Roken is in deze landen iets voor de doorzetters, en tot die groep behoren verhoudingsgewijs steeds minder intellectuelen en meer arbeiders.

Volgens schattingen komen er iedere dag er zo'n 80 tot 100 duizend nieuwe rokers bij, in Azië – hét rokerscontinent – zijn dat vooral jongeren. Wat er ook door gezondheidsorganisaties gedaan wordt, vanwege het simpele feit dat de wereldbevolking blijft groeien, neemt ook het aantal rokers toe. Het huidige aantal van 1,1 miljard rokers zou kunnen toenemen naar een *all time high* van 1,7 miljard rokers wereldwijd. Volgens sommige scenario's zijn dat er zelfs 2,2 miljard in 2050.

Afrika is een groeimarkt voor de tabaksindustrie.

Gezien deze cijfers spreekt de Wereldgezondheidsorganisatie WHO dan ook van een *global tobacco epidemic*. 'Deze epidemie is nu heviger dan vijftig jaar geleden en zal de komende vijftig jaar nog ernstiger zijn, tenzij er rigoureuze maatregelen worden getroffen, schrijft de WHO. Nu al sterft er iedere acht seconden iemand als gevolg van roken.

De macht van de tabaksfabrikanten en hun grote financiële belangen, maken echter dat het ontzettend moeilijk is de schade als gevolg van roken in te perken, schrijft Allan Brandt. 'De geschiedenis kende nog nooit een product dat zó populair, zó winstgevend en zó dodelijk is.'

Dankzij deze wereldwijde groeipotentie ziet de toekomst van de tabaksindustrie er ook 150 jaar na de start van de zegetocht van de sigaret zeer zonnig uit. De eeuw van de sigaret, de glorietijd die in de westerse wereld liep van pakweg 1880 tot 1980, is in veel opkomende economieën pas net aangevangen en kent in andere landen, zoals China, een langere houdbaarheidsdatum. Daar draagt de sigaret nog alle clichés in zich, daar is het nog stoer of sexy om te roken, of ontspannend en inspirerend. Of gewoon een onschuldige afleiding of adempauze tijdens de dagelijkse arbeid of sleur. Het zal nog wel enige tijd duren voordat de sigaret ook daar serieus aan banden wordt gelegd en zo kan de opmars in nieuwe delen van de wereld nog wel even voortduren. Zo zijn de woorden van de negentiende-eeuwse tabakspionier Buck Duke – 'The world is now our market for our product' – alsnog helemaal uitgekomen.

VERANTWOORDING

Voor *De beste sigaret voor uw gezondheid* heb ik dankbaar gebruik gemaakt van de online historische kranten- en tijdschriftendatabank *Delpher*. Honderden, nee duizenden artikelen heb ik gelezen of gescand. Waar ik citeer uit deze artikelen heb ik de bron genoemd. Een schat aan informatie heb ik ook te danken aan Louis Bracco Gartner, voorzitter van de Stichting Nederlandse Tabakshistorie. Hij leende mij zijn persoonlijke archief uit, dat bestaat uit vele boeken, kranten- en tijdschriftartikelen die op de sigaret betrekking hebben. Ik wil hem hartelijk danken voor de gastvrijheid die hij bood in zijn kleine tabaksmuseum in Delft en de vele tips en praktische informatie die hij mij gaf. Zijn stichting bewaakt een belangrijk stuk cultuur erfgoed en drijft op giften. Steun is meer dan welkom via tabakshistorie.nl.

Bart Engels van Studio Denk wil ik bedanken voor het fraaie ontwerp van dit boek. Redacteur Bertram Mourits dank ik voor de samenwerking bij de totstandkoming van dit boek; de opbouw en inhoud van het boek is dankzij zijn aanwijzingen sterk verbeterd. Verder wil ik mijn vrienden en (schoon)familie danken die hebben meegedacht en een deel hebben meegelezen; Els Zwanenburg, Hans Sauer en Frans Oosterwijk.

Niet alle boeken, tijdschriften en artikelen die ik ter lering en inspiratie heb gelezen vermeld ik hieronder, wel de belangrijkste:

- Peter Bulthuis, *500 jaar Tabakscultuur. De Rijke Geschiedenis van het Roken*. Uitgeverij bzztôh, 1992
- Mark W. Rien en Gustaf Nils Doren, *Das neue Tabago Buch*. H.F. & Ph.F. Reemtsma, Hamburg 1985
- Richard Klein, *De goddelijke sigaret. De geschiedenis, het genot en het belang van het roken*. Arena, Amsterdam 1994
- Willem Frederik Hermans, *De laatste roker*. De Bezige Bij, Amsterdam 1991

- *De Sigaret, feiten en ontwikkelingen.* Stichting Sigaretten Industrie, Den Haag 1980
- Hans Pars, *Een doorrookt verleden. De geschiedenis van de Laurens Sigarettenfabriek in Den Haag (1921-1995).* De Nieuwe Haagsche, Den Haag 2000
- Remco Campert e.a., *Een tevreden roker, verhalen voor stoppers en doorzetters.* Novella Uitgeverij, Amersfoort 1997
- Peter Bulthuis, *Een weduwe in koffie, thee en tabak.* Erven de Wed. J. van Nelle N.V., Rotterdam 1982
- Robert N. Proctor, *Golden Holocaust: Origins of the Cigarette Catastrophe and the Case for Abolition.* University of California Press, Berkeley 2011
- *Good taste, well told: vom Tabak zum Genuß.* H.F. & Ph.F. Reemtsma, Hamburg 2000
- Joop Bouma, *Het rookgordijn, de macht van de Nederlandse tabaksindustrie.* Uitgeverij L.J. Veen, Amsterdam 2001
- *In grote trekken. Het verhaal van de sigaret: van de Maya's tot vandaag en van tabakszaadje tot banderol.* Stichting Sigaretten Industrie, Den Haag 1985
- Hendrik Roesslngh, *Inlandse tabak. Expansie en contractie van een handelsgewas in de 17e en 18e eeuw in Nederland.* Wageningen Landbouwhogeschool, afdeling agrarische geschiedenis 1976
- A. van Domburg e.a., *Lof der tabak.* In opdracht van de N.V. Vereenigde Tabaksindustrieën Mignot & de Block, Eindhoven, De Boekerij 1958
- B.T. Jansen e.a, *Onder de rook van Turmac te Zevenaar. De betekenis van de Turmac sigarettenfabriek voor Zevenaar en de Liemers.* Cultuurhistorische Vereniging Zevenaar 2005.
- Martin van Amerongen, *Rook doet leven, over het recht op een hedonistisch bestaan.* Mets & Schilt, Amsterdam 2001
- Flip Bool e.a., *Rookgordijnen, Roken in de kunsten: van olieverf tot celluloid.* Ludion, Amsterdam 2003
- Alex Groothedde e.a., *Samson, het verhaal van de leeuw.* Allegro, Amsterdam 2004
- Matthew Hilton, *Smoking in British Popular Culture 1800-2000.* Manchester University Press, 2000

- Chris Harrald en Fletcher Watkins, *The Cigarette Book, the History and Culture of Smoking*. Skyhorse Publishing, New York 2010
- Iain Gately, *Tobacco: A Cultural History of How an Exotic Plant Seduced Civilization*. Grove Press, New York 2003
- Allen M. Brandt, *The cigarette century: the rise, fall, and deadly persistence of the product that defined America*. Basic Books, New York 2007
- Jack Botermans en Wim van Grinsven, *Toen roken nog gezond was! Een tevreden roker was geen onruststoker*. Terra Lannoo, Arnhem 2011
- *De Tweede Ronde* 3 (herfst 2006). Uitgeverij Mouria, Amsterdam
- *Jaarverslag*. Stichting Nederlandse Tabakshistorie (2004 tot en met 2009)
- *Elsevier* (1996) 36: 'De laatste sigaret'; (2004) 1: 'En, rookt u nog?'; (2006) 21: 'Het gemak van tabak'
- *HP/De Tijd* (1988) 37: Special 'Roken'
- *VPRO-gids* (1978-79) 52 (Welingelichte Kringen over roken)
- *VARA-magazine* (1996) 13: Tabak & Taboe
- *Het Parool* 14 juni 2008: 'De laatste sigaret'

De illustraties zijn grotendeels afkomstig uit de collectie van de Stichting Nederlandse Tabakshistorie met uitzondering van de illustraties op pagina 24 (Museum Schone Kunsten, Brussel), 32 (North Carolina State Archives), 34 (Duke University Library), 59 (Cow Cards), 85, 92, 97, katern, 144, 189 (Geheugen van Nederland), 33 (Stanford School of Medicine); katern (Spaarnestad), 134 (Koninklijke Bibliotheek) en 181 (ANP). De uitgever heeft getracht alle rechthebbenden te benaderen. Zij die menen aanspraak te kunnen maken op rechten, wordt verzocht zich tot de uitgever te wenden.